Antoni Gaudí

Gaudí al terminar sus estudios. Fotografía de
Audouard y Cía. Museu de Reus

Gaudí when having finished his studies.
Photography by Audouar & Cia. Museun of Reus

antoni gaudí

Xavier Güell

GG

Editorial Gustavo Gili, S.A.

08029 Barcelona   Rosellón, 87-89. Tel. 322 81 61
28006 Madrid   Alcántara, 21. Tel. 401 17 02
1064 Buenos Aires   Cochabamba, 154-158. Tel. 361 99 98
México, Naucalpan 53050   Valle de Bravo, 21. Tel. 560 60 11
Bogotá   Calle 58, N.º 19-12. Tels. 217 69 39 y 235 61 25

Traducción/Translation
Graham Thomson

2.ª edición español/inglés: 1992
2.nd spanish/english edition: 1992

ISBN: 84-252-1445-9
Depósito Legal: B. 10.601-1992
Type set: Ormograf, S.A. - Barcelona
Printed in Spain by INGOPRINT, S.A. - Barcelona

Indice

Index

6 Introducción

1

14 Proyectos de estudiante. Colaboración con Josep Fontserè. Primeras realizaciones.
20 Casa Vicens. Barcelona
30 El Capricho. Comillas, Santander
36 Pabellones finca Güell. Barcelona
46 Palacio Güell. Barcelona
60 Palacio episcopal. Astorga, León
68 Convento teresiano. Barcelona
74 Casa Fernández Andrés. León
82 Casa Calvet. Barcelona
94 Torre Bellesguard. Barcelona

2

106 Park Güell. Muntanya Pelada, Barcelona
128 Puerta y cerca finca Miralles. Barcelona
130 Restauración de la Catedral. Ciutat de Mallorca.
132 Casa Batlló. Barcelona
150 Casa Milà i Camps, "La Pedrera". Barcelona
166 Cripta de la Colonia Güell. Santa Coloma de Cervelló, Barcelona.
182 Escuelas de la Sagrada Familia. Barcelona.

3

188 Templo Expiatorio de la Sagrada Familia

207 Biografía
211 Cronología de proyectos y obras
217 Bibliografía
219 Procedencia de las ilustraciones
221 Agradecimientos

6 Introduction

1

14 Student projects. Collaboration with Josep Fontserè. First commissions
20 Vicens house. Barcelona
30 El Capricho. Comillas, Santander
36 Pavilions in the Güell estate. Barcelona
46 Palau Güell. Barcelona
60 Episcopal palace. Astorga, León
68 Theresan convent. Barcelona
74 Fernández Andrés house. León
82 Calvet house. Barcelona
94 Torre Bellesguard house. Barcelona

2

106 Park Güell. Muntanya Pelada, Barcelona
128 Wall and gate for the Miralles estate. Barcelona
130 Restoration of the Cathedral. Ciutat de Mallorca
132 Batlló house. Barcelona
150 Milà i Camps house, "La Pedrera". Barcelona
166 Crypt for the Colonia Güell. Santa Coloma de Cervelló, Barcelona
182 Sagrada Familia schoolrooms. Barcelona

3

188 Expiatory temple of the Sagrada Familia, Barcelona
209 Biography
214 Chronology of projects
217 Bibliography
219 Sources of the illustrations
221 Acknowledgements

Introducción

Las últimas décadas del siglo XIX en España se caracterizan por un cierto confusionismo artístico. La arquitectura ochocentista entra en crisis al ampararse en la repetición de movimientos artísticos: neoclásicos y neorrománticos. Los arquitectos no piensan en nuevas soluciones técnicas al margen de estos estilos.

Sin embargo, el constante e imparable desarrollo de las grandes ciudades y la imperiosa necesidad de urbanizarlas, provoca nuevos planes de ordenación. En el caso de Barcelona su crecimiento queda perfectamente establecido con el «Pla Cerdà».

Este momento de incertidumbre se rompe en Catalunya con el movimiento que bajo el nombre de «Modernisme» responde al nuevo ambiente social y cultural, fruto de una evolución económica, política y regional y que, cronológicamente, abarca la última década del siglo XIX y las dos primeras del nuevo siglo XX.

La burguesía catalana de este tiempo es dinámica, está en plena expansión, ligada a una industria y a un comercio floreciente; una burguesía con un sentimiento profundo de identidad propia y una constante inquietud por diferenciarse del resto del Estado Español. Se piensa en una Catalunya ideal, autónoma, liberal, culta y cosmopolita.

En Barcelona, la capital de esta área de actividad social y económica, se desarrollan dos tendencias artísticas: una que reflejará esta actividad y secundará toda iniciativa que ayude a configurar al nuevo mundo burgués; otra que fijará su atención en los sectores sociales más marginados (Nonell, Picasso...).

La burguesía catalana podía haber copiado o desarrollado los modelos existentes; sin embargo, el «Modernisme», en el que rápidamente se siente envuelta, posee una verdadera originalidad, aunque sea mezclada con elementos tradicionales.

El «Modernisme» es caballo de batalla de unos y otros, pero con la salvedad de que no todos los artistas que trabajarán en este movimiento se convertirán en precedente directo de importantes cambios estilísticos. En el caso de Antoni Gaudí su comportamiento y su ejemplo en su obra construida, constituirán una trayectoria

Introduction

The final decades of the 19th century in Spain were characterised by some confusedness in the arts. The architecture of the period found itself in a state of crisis, turning for salvation to a repetition of past artistic movements: neoclassical and neoromantic, although the architects of the time found no new technical solutions on the margins of these styles.

Nonetheles, the continual, unstoppable growth of the great cities, and their imperious demands for urban development, gave rise to new urban design plans. In the case of Barcelona, the "Pla Cerdà" had already made perfect provision for the city's expansion.

Catalonia broke out of this uncertainty with the movement which, under the name "Modernisme", offered a response to the new cultural and social climate, itself the product of economic, political and regional developments whose ambit takes in the last decade of the 19th century and the first two of the new 20th century.

Throughout this period the Catalan bourgeoisie was a dynamic force in full expansion, wedded to a flourishing industrial and commercial economy; a bourgeoisie with a profound sense of its own identity and a constant wish to differentiate itself from the rest of Spain, its thoughts directed towards an ideal Catalonia, liberal, cultured and cosmopolitan.

Barcelona, the capital of this area of social and economic activity, saw the development of two quite different tendencies in the arts: one reflecting this activity and helping to shape the new bourgeois world; another concentrating its attention on the more marginalised sections of society (Nonell, Picasso...).

The Catalan bourgeoisie might easily have copied or elaborated on existing models; nevertheles, the "Modernisme" to which it very quickly felt itself committed has genuine originality - albeit mixed with traditional elements.

"Modernisme" was the chosen vehicle of a considerable number of artists, but this must be qualified in that not all of those who worked within this movement went on to become direct progenitors of significant stylistic

aislada, una trayectoria en que tanto los trabajos de construcción civil y religiosa, así como todos aquellos derivados del mundo del ornamento, obtendrán un sello especial, sorprendente y, algunas veces, difícil de calificar.

Primeras obras

Antoni Gaudí i Cornet, nació en Reus (Baix Camp) el 25 de junio de 1852. Era hijo de Francesc Gaudí i Serra i de Antònia Cornet i Bertrán. Tras diez años de estudios en el Colegio de los Padres Escolapios de Reus y en la Facultad de Ciencias de la Universidad de Barcelona (1863-1873), inició sus estudios en la Escuela Provincial de Arquitectura de Barcelona en 1873, finalizando los mismos en el mes de enero de 1878 y obteniendo el título el 15 de marzo del mismo año.

Antes de finalizar sus estudios de Arquitectura, Gaudí, como la mayoría de estudiantes, colabora en un estudio de arquitectura, cuyo titular era en este caso Josep Fontseré. Con él trabajó en el diseño de una de las obras más importantes que se estaban realizando en Barcelona: el Parc de la Ciutadella.

El diseño de unas farolas para la Plaza Real así como el proyecto de iluminación de la Muralla de Mar, ambas en Barcelona, junto con el proyecto para la Cooperativa Obrera Matoronense, en Mataró, serán sus primeros trabajos como arquitecto independiente.

Entre 1880 y 1900 realizará, entre otras, las siguientes obras: la Casa Vicens, los Pabellones en las Corts de la finca «Can Feliu» de la familia Güell, el Colegio teresiano, el Palau Güell –sin duda, la más relevante de este primer período–, la Casa Calvet y la Torre Bellesguard. Es preciso señalar que fue en esta primera etapa gaudiniana, que el arquitecto realizó sus únicas obras fuera del contexto geográfico catalán: la villa El Capricho en Comillas (Santander), obra en la que contó con la colaboración del arquitecto Cristóbal Cascante; el Palacio Episcopal de Astorga (León), obra inacabada y que sufrió muchos cambios, y el edificio de viviendas para la familia Fernández-Andrés, de León, más conocida como La casa de los Botines.

Volviendo otra vez a la ciudad de Barcelona, en 1883 Gaudí recibió el encargo, a través del arquitecto Joan Martorell, de continuar la incipiente obra del Templo Expiatorio de la Sagra-

changes. In the case of Antoni Gaudí, his personal conduct and the example of his work trace a unique and quite separate trajectory, a trajectory in which his built work –lay and religious–, and its sequels in decoration, are marked with a special stamp, surprising and sometimes difficult to qualify.

First projects

Antoni Gaudí i Cornet was born in Reus (Baix Camp) on June 25th, 1852, son of Francesc Gaudí i Serra and Antònia Cornet i Bertrán. After ten years of study, first at a religious school in Reus and then in the Science faculty of Barcelona University (1863-1973), he enrolled in the Escuela Provincial de Architectura de Barcelona in 1873, completing his course in January 1878 and receiving his diploma on the 15th of March of that year.

While still an Architecture student Gaudí, like most others, also worked in an architect's studio, in his case for Josep Fontseré, where he helped design of one of the great projects then underway in Barcelona: the Parc de la Ciutadella. His first work as an independent architect was a design for lampstands for the Plaça Reial and a lighting scheme for the Muralla de Mar, both in Barcelona, and the project for the workers' cooperative in Mataró.

Between 1880 and 1900 he carried out, amongst others, the following pro-jects: the Vicens house, the Pavilions in the Güells' "Can Feliu" estate, the Theresan College, the Palau Güell –undoubtedly the great achievement of this first period–, the Calvet house and the Torre Bellesguard. It was only in this first phase of his career that Gaudí worked on commissions outside Catalonia: the El Capricho villa in Comillas (Santander), where he had the collaboration of the architect Cristóbal Cascante; the Episcopal Palace in Astorga (León), an unfinished project which suffered much alteration; and the apartment building for the Fernández-Andrés family in León, better known as the *Casa de los Botines* - the house of the "treasures". Returning to Barcelona, Gaudí was commissioned in 1883, through the architect Joan Martorell, to take over the running of the newly begun Expiatory Temple of the Sagrada Familia. So it was that Gaudí came, at this point in his career, to work on the transformation of the project originally entrusted

da Familia. Así pues Gaudí empezó en esta época a trabajar en la reforma del proyecto que le fue encargado originalmente a Francisco de Paula del Villar, quien, por razones técnicas, traspasó el encargo a Martorell y éste, por discrepancias con el proyecto aprobado, propuso el traslado del encargo a Gaudí. Este dedicaría toda su vida profesional (más de cuarenta años) a proyectar y construir simultáneamente esta gran obra de una forma total y absolutamente personal, tal como lo seguiría haciendo en el resto de sus obras.

En este primer período, Gaudí se esforzó por encontrar un estilo propio con una voluntad nacionalista. A esta voluntad, que en seguida llegó a transformarse en una identidad personal, hay que sumar el hecho de asistir a una serie de tertulias intelectuales en casa del que fue su gran mecenas y protector, don Eusebi Güell Bacigalupi. En este ambiente eran frecuentes las conversaciones sobre las teorías de Ruskin, los dramas musicales de Wagner y los escritos de Viollet-le-Duc, lectura asidua de Gaudí ya en sus años de estudiante en la Escuela de Arquitectura de Barcelona.

Todas las obras que forman parte de este primer período gaudiniano parten de un planteamiento ecléctico en el que irán apareciendo diversos estilos. Mientras la Casa Vicens y la villa El Capricho son ejemplos de una clara influencia estilística de la arquitectura musulmana, los Pabellones de la finca «Can Feliu» de los Güell serán un ejemplo de una voluntad de cambio. En ésta, Gaudí se refugiará en el diseño de elementos puntuales, enfatizándolos y obteniendo un contraste acertado y equilibrado. El Palau Güell, de carácter medievalista, resulta más importante por su labor en la decoración y en la calidad de sus acabados que se contraponen a la austeridad y fluidez espacial del Convento teresiano. En estas dos obras, así como en el Palacio episcopal de Astorga y en la Casa Fernández Andrés, la influencia goticista es importante. Por el contrario, un cierto aire barroco domina en la Casa Calvet, sobre todo en el remate de la fachada principal, mientras que en la torre de Bellesguard resurge de nuevo este sentimiento medievalista que asume la envolvente exterior, contraponiéndose con la riqueza constructiva de líneas austeras que soporta las distintas plantas de la misma.

to Francisco de Paula del Villar, who had, for technical reasons, passed the commission on to Martorell, who in turn, prompted by reservations about the approved scheme, proposed that it be offered to Gaudí. Gaudí was to devote the whole of his working life (more than forty years) to the simultaneous design and construction of this great work in the same total and absolutely personal manner which he brought to his other projects.

During tis first period, Gaudí was driving himself to find his own style, with a marked nationalist tendency. Added to this is his membership of the intellectual circle which met in the house of Gaudí's great patron and protector, don Eusebi Güell Bacigalupi. Their conversations frequently ranged over Ruskin's theories, Wagner's musical drama and the writings of Viollet-le-Duc, whom Gaudí was already reading assiduously as a student at the Barcelona School of Architecture. All the projects from this first period of Gaudí's work have their origins in an electic approach marked by a succesion of different styles. While the Vicens house and the El Capricho villa testify to the clear stylistic influence of Moorish architecture, the Pavilions on the "Can Feliu" estate show the emergence of a desire for change. Here, Gaudí seems to seek refuge in the design of detail and individual elements, emphasising these and achieving a skillful, balanced contrast between them. The Palau Güell, with its mediaevalist character, is particularly important here; its decorative work and the quality of its finishes are in marked contrast to the austeruty and spatial fluidity of the Theresan convent. In these two projects, as in the Episcopal Palace in Astorga and the Fernández Andrés house, there is a significant gothicising influence. In the Calvet house, however, and above all in the crest along the top main façade, a strongly baroque air is d̶c̶ ̶ ̶ ̶t̶, while the Torre Bellesguard sees a return to the mediaevalist spirit, apparent in the finish of the outer skin, which contrasts with the constructional strength of the austere lines holding up the different floors.

All through this period we can see evidence of an intense inner struggle to overcome limitations and find a truly personal and individual style. From Gaudí's reading of Viollet-le-Duc; from his attempts to freely interpret the vaious recognised

A lo largo de este período podemos reconocer una fuerte lucha interior por superarse y encontrar un estilo propio y personal. Tanto la enseñanza de Viollet-le-Duc, como esfuerzo de libre interpretación de los distintos estilos, como una cierta actitud romántica en el estudio de la arquitectura gótica y, en gran manera, de su lógica estructural y también el estudio de la naturaleza como fuente inagotable de inspiración, son las fuentes que dotarán a Gaudí, en el momento histórico del cambio de siglo, de la libertad suficiente para ir más allá de los estilos históricos y para entender la modernidad que en esta nueva actitud es necesario encontrar.

Segunda etapa

En la cerca de la Finca Miralles, en Barcelona, aun siendo una obra de poca importancia, Gaudí adopta una actitud distinta. Elude los estilos históricos y se presenta conjugando un material pétreo con una forma absolutamente libre, sin fin: la sinusoide como límite en altura de la coronación del muro del cerramiento.

Otra obra, sin duda alguna la más relevante de Gaudí, el Park Güell, será el gran detonador de esta actitud distinta, nueva, particular y arriesgada, que caracteriza su primera madurez como arquitecto.

El Park Güell, junto a la Casa Batlló, la Casa Milá, las Escuelas de la Sagrada Familia y la Cripta de la Colonia Güell, son las obras fundamentales de esta segunda etapa. En este momento, aparece el Gaudí de talla universal, sin olvidar la obra singular del Templo de la Sagrada Familia, aunque esta obra la reservamos para ser comentada de forma particular al final de esta introducción, dado que en ella se encierra todo el recorrido arquitectónico gaudiniano con un principio, una serie de períodos de orientación distinta, pero sin un fin, debido al mismo carácter inacabado de esta obra.

Así, en esta segunda etapa, encontramos las obras más conocidas de Gaudí. El Park Güell es, ante todo, un ejemplo de implantación urbana, es decir, un ejemplo de entender la disposición de unos elementos arquitectónicos con una fuerza formal y cromática desbordante, sin olvidar con ello el cumplimiento de una función. Por ello, el Park Güell es, además de un espectáculo formal, un ejemplo en la colocación y distribución de unos servicios y unos usos. En esta

styles; from a certain romantic attitu his study of Gothic architecture and degree, its structural logic; as well as study of nature as an inexhaustible so inspiration: Gaudí drew from all these historic moment of the turn of the century, the liberty to enable him to go beyond existing historical styles and understand the modernism necessarily present in this new attitude.

Second phase

With the wall of the Miralles estate in Barcelona, although not one of his more important pieces of work, Gaudí adopts a new approach. He abandons historical styles to combine the stony hardness of the material with and absolutely free and truly endless form: the sinusoidal curve which runs along the top of the wall bounding the estate.

It is, however, the Park Güell –undoubtedly Gaudí's most outstanding scheme, and the one which triggers the explosion of this change, of this new attitude of individualism and daring– which characterises the first phase of his maturity as an architect.

Park Güell is, with the Batlló house, the Milà house, the Sagrada Familia schools and the Crypt of the Colonia Güell, the fundamental work of this second phase. This is the period when Gaudí's true stature reveals itself; we cannot, of course, overlook the Temple of the Sagrada Familia, but we will reserve that very special monument for specific comment at the end of this introduction, since it contains in itself the full span of Gaudí's architectural career, with a beginning, a succesion of periods, each differing in orientation, but no end, due to the work being still unfinished.

This second phase, then, takes in all Gaudí's best-known work. Park Güell is, above all, a lesson in laying out an urban environment; in other words, it exemplifies an understanding of the siting of various architectonic elements which overflow with the power of their form and colour, yet does not forget to fulfil a function. Park Güell is thus, in addition to being a formal spectacle, an example of the location and distribution of services and uses. In this scheme Gaudí's idea for a garden-city was frustrated, since the plots which were to be developed as a series of family houses, forming a little community, were left

audí verá frustrada su idea de ciudad-__in, dado que las parcelas que debían constituir el asentamiento de una serie de viviendas unifamiliares formando una comunidad, quedaron sin construir. Sólo quedó la infraestructura, la cual no sólo sirve para entender el alcance del proyecto, sino que sirve también para poder realizar un recorrido en el que la mezcla de arquitectura y naturaleza se muestran como una creación de arquitectura única en el mundo. La obra de la Casa Batlló es, sin lugar a dudas, un proyecto de reforma de un edificio existente intencionado y rotundo. En él Gaudí transforma la piel exterior de una típica casa del ensanche barcelonés en otra llena de luz, cromatismo y expresividad. Asimismo, el interior también será fruto de una fuerte transformación, sobre todo en las plantas baja y principal, aparte de las dos últimas, que a modo de desván que se añadieron a la casa original.

La Casa Milà será el ejemplo en que Gaudí asume la plenitud máxima de la expresividad y de la libertad de diseño. Rsuelve de forma magistral la inclusión de un edificio de viviendas entre medianeras en un chaflán del ensanche barcelonés, siguiendo las alineaciones dictadas por el Pla Cerdà. Podríamos calificar a este edificio como provocación. En él Gaudí rompe absolutamente el ritmo de los huecos, de las esquinas, de las cornisas, de la ornamentación naturalista, aparte de llegar a un tratamiento de la planta de la azotea que si en la Casa Batlló se apunta una solución que inquieta, en la Casa Milà se llega a una solución en la que la cornisa será un elemento inexistente, dado que donde finaliza la masa pétrea empieza un mundo distinto. Aquí se confunden expresamente los conceptos. La planta desván, con unas dimensiones poco comunes y el aplacado de piedra blanca se comporta como si el edificio fuera solamente esta planta, mientras que toda la masa pétrea «abujardada» y sinuosidal enmascara una función de vivienda, comportándose como un gran zócalo que soporta la gran plataforma blanca llena de elementos singulares, en continuo movimiento, que no hacen más que cumplir este deseo de provocación al que aludíamos anteriormente.

En cuanto a las Escuelas de la Sagrada Familia, que por sus dimensiones y emplazamiento dentro del recinto reservado al entorno inmediato

unbilt. Only the infrastructure was ever in place, yet this is enough to allow us, even today, to understand the scope of the project and follow an itinerary in which the blending together of architecture and nature is unique, unlike anything else in the world.

The scheme for the Casa Batlló is, beyond doubt, a deliberate, rounded and expressive remodelling of an existing building, in which Gaudí transforms the outer skin of a typical house in the Barcelona "Ensanche", giving it a new skin full of light, chromaticity and expressiveness. The interior, too, is subjected to a profound transformation, especially the ground floor and main floor, not to mention the two topmost floors, added to the original in the form of an attic.

The Casa Milà marks Gaudí's coming of age in expressiveness and freedom of design. His masterly resolution of the siting of this apartment building on a gap site on the chamfered corner of a city block follows the alignment dictated by the Pla Cerdà. The building is perhaps tantamount to an act of provocation. In it, Gaudí breaks completely with the rhythms of the openings, corners, cornices; with naturalistic ornamentation; he goes further, arriving at a treatment of the plan of the roof terrace in which the cornice has ceased to exist: at the point where the building's stone mass finishes a different world begins. Here, concepts are intentionally confused. The very large attic, with its white stone finish, gives the impression that there is nothing more to the building, while the rest of the mass of bush-hammered sinusoidal stone strives to conceal its function as housing, acting as an enormous plinth under the great white platform with all its uniquely individual elements, in continuous movement, which are simply the fulfilment of that desire to provoke we referred to above.

As for the Sagrada Familia schoolrooms, whose limited dimensions and location within the immediate precincts of the Temple qualify them as aphemeral, transient constructions: in effect a pavilion to meet a definite short-term need which Gaudí, once again, uses to indulge his insatiable thirst for new construction procedures. The roof forcefully exemplifies this. The building has been worked out around a simple gometric idea with the vertical plane of the enclosing wall and the horizontal of the roof meet ing up as undulating planes.

del Templo podemos calificar de construcción efímera y pasajera, son en realidad un pabellón que debía cumplir con una necesidad concreta y temporal y que Gaudí, una vez más, aprovechó para insistir en su voluntad incesante de descubrir nuevos procedimientos constructivos. La cubierta de este pabellón es ejemplar y contundente. El edificio se resuelve a partir de una simple idea geométrica, en la que el plano vertical de cerramiento y el horizontal de la cubierta van acoplándose siguiendo unas generatrices que transforman a éstos en planos ondulantes.

La Cripta de la Colonia Güell, situada en el término municipal de Santa Coloma de Cervelló (Baix Llobregat) y emplazada dentro del recinto de la Colonia Textil Obrera junto a las viviendas y la fábrica, es un edificio que, debido a su situación geográfica, quedará relegado al olvido. Precisamente, por tratarse de un edificio en el que no parece primar la necesidad acuciante de su utilización, permitirá a Gaudí realizar un sin fin de pruebas para encontrar el sistema estructural que conferirá el *leit motiv* de esta obra.

El Templo de la Sagrada Familia

Como ya apuntábamos en la etapa anterior, la construcción del Templo de la Sagrada Familia, será el motor que no cesará en toda su vida profesional. Recordemos que Gaudí, en los últimos años de su vida, decide instalarse en una pequeña habitación habilitada como taller con un camastro a pie de obra del Templo.

Gaudí, al recibir el encargo de continuar la construcción del Templo según el proyecto de Villar, siente la necesidad de cambiar radicalmente todo el planteamiento quedándose tan sólo con el espíritu del mismo. Así pues, considerará su cambio como si de una intervención se tratara, como si la cripta neogótica se tratara de una cripta gótica y, de este modo, se viese en la necesidad de una intervención más actual y propia de la época que, desde el primer momento, habría de ser más que personal. Este hecho, unido al momento en que se produce, es, sin duda, uno de los más importantes de su trayectoria profesional.

Gaudí, cuando configura esos nuevos rasgos del templo, es un arquitecto muy joven y, sin

The Crypt for the Colonia Güell, on the Textile Workers' Colony at Santa Coloma de Cervelló, has been neglected on account of its location. Precisely because this was a scheme where utility was not a priority, Gaudí was able to carry out an endless number of tests to find the structural system which would give the work its *leit motif.*

The Temple of the Sagrada Familia

As we have seen, the construction of the Sagrada Familia was a driving force for Gaudí throughout his professional career. In fact in the last years of his life he installed himself in a little room fitted out as a studio at the foof of the Temple under construction.

On receiving the commission to continue construction of the Temple, Gaudí felt the need to radically change the whole approach to the scheme, retaining the spirit of Villar's earlier project but no more. Thus the neogothic crypt was to be treated as a gothic crypt, to demonstrate that a more up-to-date approach was called for, more in keeping with the times; which from the start was to be more than purely personal. This fact had enormous influence on the course of his professional career.

Gaudí, at the start of his work on the Temple, was a very young architect, and no doubt he had drawn a number of ideas and concepts from the writings of Viollet-le-Duc. His ability to rationalise these, and put them into practice is evidence of a tremendously strong personality. This global idea of the project is reflected in a few drawings from Gaudí's own hand, as well as in those by his collaborators, such as Joan Rubió i Bellver, Puig Boada and others.

In the design and construction of the Sagrada Familia, Gaudí set out from an extremely ambitious conception, which, given the great cost and the slowness it involved, he was to carry out only in part.

The most important of the parts actually constructed is the Nativity façade. This façade can be understood in two ways. The side facing the street is entirely covered in a multitude of symbolic figurative sculptures by Gaudí's collaborators, which, perhaps, over-embellish this façade.

The internal face, as we have it today, is quite different. Here we see nothing but geometry and architecture. The vision, taken as a whole or in

lugar a dudas, tenía perfectamente asimiladas toda una serie de ideas y conceptos procedentes de los escritos de Viollet-le-Duc. El saber racionalizar estas ideas y conceptos y ponerlos en práctica en un proyecto de estas dimensiones es, indiscutiblemente, fruto de una personalidad acusadísima.

Esta idea global del proyecto queda reflejada en unos pocos dibujos que él mismo realizará e, incluso, en alguno que también hemos conocido de la mano de uno de sus colaboradores; tal es el caso de los realizados por Joan Rubió i Bellver, Puig Boada y otros.

Gaudí, en el proyecto y construcción del Templo de la Sagrada Familia, parte de un planteamiento muy ambicioso que realizará, sólo en parte, dada su costosa financiación, que comportará una lentitud en la ejecución de los trabajos.

La parte construida más importante fue la fachada del Nacimiento. Existen en ésta dos modos de verla y entenderla. La cara que mira a la calle se encuentra absolutamente revestida de multitud de simbolismos corporeizados en esculturas debidas a colaboradores suyos y que, a nuestro juicio, maquillan excesivamente esta cara de la fachada.

La cara interior, tal y como podemos observarla hoy día, es absolutamente distinta. En ella vemos tan sólo geometría y arquitectura. La visión, tanto en conjunto como fragmentada, es un recorrido entre un gótico depuradísimo y un cubismo en algunos de sus detalles. Es muy importante saber entender esta visión en fragmentos. Su monumentalidad puede distraernos excesivamente, pero, al contrario de su cara opuesta, en la visión atenta de este esqueleto, de esta tramoya que soporta un gran estandarte, es donde podemos observar la trayectoria que apuntábamos: la pureza de líneas, el rigor constructivo y una composición absolutamente simétrica, muy pocas veces utilizada por Gaudí. Todo ello hace que esta piel interior sea digna de un especial interés.

separate fragments, marks out a line somewhere between a purified gothicism and a cubism in certain details. It is important to know how to approach and understand this vision piece by piece. Its monumentality can be unduly distracting, yet, in contrast to the outer face, it is here, in the careful scrutiny of this skeleton, this stage machinery for a great and noble standard, that we discern the trajectory we pointed to earlier: the purity of line, the rigour in construction, and an absolute symmetry in the composition Gaudí only rarely used - all make this inner skin worthy of our special interest.

1

1876-1882 Proyectos de estudiante.
Colaboración con Josep Fontseré.
Primeras realizaciones
1883-1888 Casa Vicens
1883-1885 El Capricho
1884-1887 Pabellones finca Güell
1886-1889 Palacio Güell
1887-1893 Palacio episcopal
1888-1890 Convento teresiano
1891-1894 Casa Fernández Andrés
1898-1904 Casa Calvet
1900-1905 Torre Bellesguard

1876-1882 Student projects
Collaboration with Josep Fontseré
First commissions
1883-1888 Vicens house
1883-1885 El Capricho
1884-1887 Pavilions in the Güell estate
1886-1889 Palau Güell
1887-1893 Episcopal palace
1888-1890 Theresan convent
1891-1894 Fernández Andrés house
1898-1904 Calvet house
1900-1905 Torre Bellesguard house

Es conocido por parte de los más importantes biógrafos de Gaudí que éste, en líneas generales, fue un mal estudiante. No obstante, sus dibujos ya denotaron desde un principio una singular habilidad en sus líneas, así como en el color que acompañaba a los mismos.
Han llegado hasta nosotros algunos de los proyectos que realizó en la Escuela Provincial de Arquitectura de Barcelona.
En 1876 realiza un proyecto escolar consistente en un patio para una Diputación Provincial y un embarcadero para un concurso académico. En 1877 realiza el proyecto final de carrera: un Paraninfo. En este mismo año empieza la colaboración con Josep Fontserè, que se prolongará hasta 1882. Fruto de ella se le atribuyen a Gaudí las puertas de acceso y el conjunto de la cascada, pertenecientes al recinto del Parc de la Ciutadella de Barcelona.
En 1878, debido a la convocatoria de un concurso, proyecta unas farolas para la Plaça Reial de Barcelona, en donde la preocupación por diseñar un elemento de mobiliario urbano es bien patente.
Los soportes de las luces tienen una posición distinta en el arranque del fuste mientras que el remate es similar al adoptado en la puerta de acceso al Parc de la Ciutadella.
De 1877 a 1882 estará ocupado en bocetos preliminares y estudios sobre el funcionamiento de las cooperativas, ya que recibe el encargo de construir, en Mataró (Barcelona), un proyecto de Cooperativa Textil Obrera compuesto por treinta casas, edificio social, con una sala de actos y una fábrica. Fruto de estos estudios es la construcción de una nave de almacenaje, soportada por unos arcos parabólicos, construidos con piezas moduladas de madera, unidas por tramos rectilíneos roblonados entre sí.
En 1880 realizará, en colaboración con el ingeniero Josep Serramalera, el proyecto de iluminación eléctrica de la Muralla de Mar. Gaudí es consciente del significado que tiene para Barcelona el iluminar un sector del litoral que hoy corresponde al paseo de Cristóbal Colón. En las farolas, iban colocadas unas placas con los nombres de los almirantes catalanes. Realizó

It is known and accepted by Gaudí's main biographers that he was, generally speaking, a poor student. Nevertheless, his drawings showed, right from the start, a singular ability in the use of colour which adorned them.
Some of the projects which he worked on in the Escuela Provincial de Arquitectura in Barcelona have survived, and can still be seen today.
In 1876 he carried out a student project for a courtyard for a Diputación Provincial, or county council, and, for an academic competition, a pier. In 1877 he submitted his final year project: a main hall for a university. His collaboration with Josep Fontseré began In the same year, and continued until 1882. One result of this is the atribution to Gaudí of the design of the entrance gates and the great fountain complex in the Parc de la Ciutadella in Barcelona.
In 1878, in response to the announcement of a competition, he designed some lampposts for the Plaça Reial in Barcelona in which the strength of his concern for the design of street furniture is quite evident.
The supports for the individual lamps have an unusual position near the base of the shaft, while the ornamental top is reminiscent of that used for the entrance gates of the Parc de la Ciutadella.
The period from 1877 to 1882 was occupied in preparing preliminary sketches and studies of the functioning of cooperatives, as he had been given the brief for a project for the Cooperativa Textil Obrera in Mataró (Barcelona), consisting of thirty houses, a social building with a conference hall, and a factory. The outcome of these studies was the construction of a warehouse for storage, its roof consisting of a series of parabolic vaults made from modulated pieces of wood connected by rivetted rectilinear sections.
In 1880 he carried out the project for the electric lighting of the Muralla de Mar, in collaboration with the engineer Josep Serramalera. Gaudí was conscious of the significance that the illumination of this stretch of the seafront, corresponding to

una perspectiva y un dibujo de farola que han llegado hasta nosotros.

what is now the passeig de Cristófol Colom, had for the city of Barcelona. Plaques were fitted to the lampposts, bearing the names of Catalan admirals. He produced a perspective drawing and a sketch of a lamppost which have survived to the present.

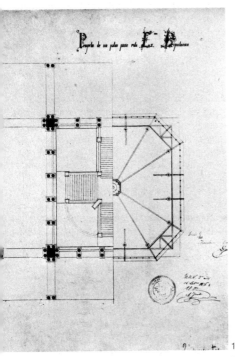

1/2 Proyecto de un patio para la Excma. Diputación. Planta y detalle
3 Proyecto de embarcadero. Alzado

1/2 Project for a courtyard for the Excma. Diputación. Plan and detail
3 Project for a pier. Elevation

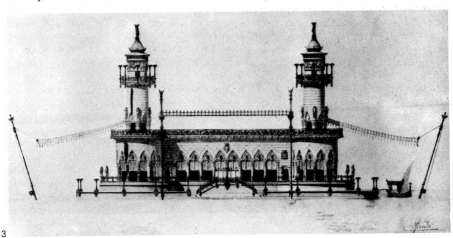

4/5 Proyecto de paraninfo. Sección y planta   4/5 Project for a main hall for a university. Section and plan

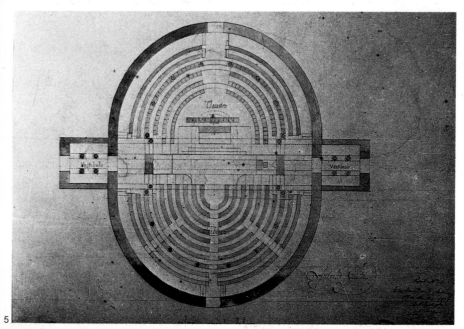

6

7

6/7 Vistas de la verja de cerramiento del Parc de la Ciutadella
8 Vista de la escalinata de la fuente monumental del Parc de la Ciutadella
9 Proyecto de kiosko para Enrique Girossi. Planta y alzado

6/7 Views of the fence enclosing the Parc Ciutadella
8 View of the steps to the monumental fountain in the Parc de la Ciutadella
9 Project for a kiosk for Enrique Girossi. Plan and elevation

8

9

10 Vista de la farola
11 Detalle del pedestal
12 Detalle de la disposición de los soportes
13 Proyecto de viviendas para la sociedad cooperativa La Obrera Mataronense. Planta general.

10 View of the lamppost
11 Detail of the pedestal
12 Detail of the arrangement of the supports
13 Project for housing for the cooperative society La Obrera Mataronense. General plan

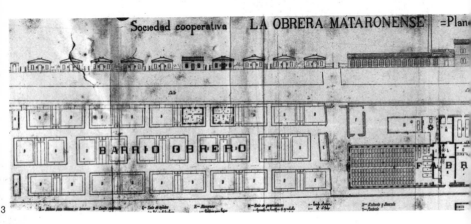

14

14/15 Vistas del interior de la sala de máqui-
nas para la sociedad cooperativa La Obrera
Mataronense
16 Sección de la construcción de un arco
parabólico

14/15 Views of the interior of the machine
room for the cooperative society La Obrera
Mataronense
16 Section showing the construction of a
parabolic arch

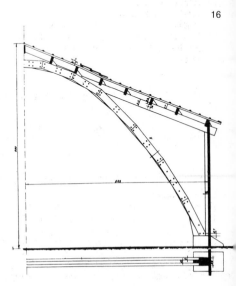

16

15

19

1883-1888 Casa Vicens. Carrer de les Carolines, 18-24, Barcelona.

Es la primera obra de cierta envergadura construida por Gaudí como arquitecto. Se trata de un edificio aislado de carácter residencial para la familia del ceramista Vicens. De gran simplicidad constructiva, es característica la utilización de la piedra junto al ladrillo y el azulejo en el tratamiento de las fachadas. Los interiores, con unos acabados excepcionales, junto a un decorativismo de clara influencia árabe, adquieren el máximo protagonismo en la sala del fumador. La planta baja, por encima del nivel de acceso, alberga las dependencias de uso diurno: un comedor y, en torno al mismo, una galería cubierta, un fumador y una sala, aparte de la escalera que conduce al piso superior, en donde se hallan los dormitorios. Por encima de ésta, se halla una última planta a modo de desván, mientras que, en el semisótano, originalmente se encontraban las dependencias del servicio. Esta planta y la sala del fumador están cubiertas con bóvedas tabicadas de perfil parabólico, ejercicio constructivo que irá repitiéndose a lo largo de toda la obra gaudiniana.

En la actualidad esta casa carece de varios de los elementos que enriquecían todo su entorno inmediato. El jardín y una fuente con un arco parabólico no existen, quedando tan sólo una franja de terreno que la protege de todas las edificaciones circundantes.

Sin embargo, hay que destacar la reja que separa la casa de la calle, de carácter totalmente naturalista, reproduciendo el tema formal de la hoja de palmito y trabajada en hierro colado.

En 1925-1926, bajo la dirección del arquitecto Serra Martínez, se realizó una ampliación en la zona correspondiente a la fachada norte y este, siguiendo, en todo momento, un mismo criterio y unidad estilística.

1883-1888 Vicens house. Carrer de les Carolines, 18-24, Barcelona

This is the first project of any size actually built by Gaudí as an architect –a detached house for the family of the ceramics manufacturer Vicens. Extremely simple in terms of construction, it is characterised by its use of stone side by side with brick and tiles on the façade. The interiors, which boast some quite exceptional finishes, as well as a decorative style with evident moorish influences, are at their most impressive in the smoking room. The ground floor, which is stepped up from the entrance, contains the rooms for daytime use: a dining room, with an enclosed gallery, a smoking room and a lounge, as well as the staircase leading up to the dormitories on the upper floor. Above this is a top floor with the character of an attic, while the half-basement originally accomodated the service rooms. On this floor and the smoking room the ceilings are parabolic vaults spanning the supporting walls, a constructive device which is found time and again throughout Gaudí's work.

Nowadays the house is without many of the features which originally enriched its immediate environment. The garden and a fountain with a parabolic arch no longer exist: nothing remains of the garden but a strip of ground to protect the house from the surrounding buildings.

The wrought iron fence, however, which separates the house from the street, is outstanding: completely naturalistic in character, reproducing the formal device of the palm leaf.

In 1925-1926, under the direction of the architect Serra Martinez, the part corresponding to the north and east façades was extended, in keeping with the original stylistic criteria.

1 Planta
2 Sección transversal

1 Plan
2 Transverse section

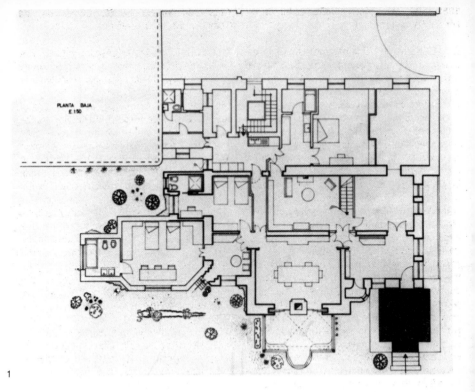

PLANTA BAJA
E 1:50

1

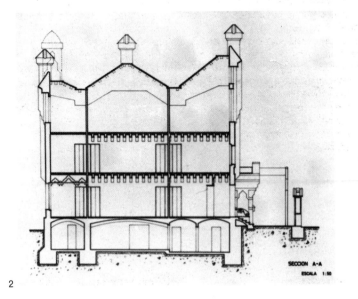

SECCION A-A

ESCALA 1:50

2

3

3 Alzado de la facha-
da de la calle Ca-
rolinas, según En-
ric Serra Grau,
alumno de la ET-
SAB (Escuela Téc-
nica Superior de
Arquitectura de
Barcelona)
4 Alzado de la facha-
da del jardín, se-
gún Fco. Javier
Saura Manich,
alumno de la
ETSAB
5 Vista general

3 Elevation of the Ca-
rolines street façade,
drawn by Enric
Serra Grau, student
at the ETSAB
(Barcelona School
of Architecture)
4 Elevation of the gar-
den façade, drawn
by Fco. Javier Saura
Manich, ETSAB stu-
dent
5 General view

6

7

6 Vista del comedor
7 Detalle del techo del fumador

6 View of the dining
   room
7 Detail of the smo-
   king room ceiling

8 Detalle de la chimenea del
   comedor
9 Detalle de la ornamen-
   tación

8 Detail of the dining
   room fireplace
9 Detail of the deco-
   ration

8

9

10 a 12 Fragmentos de la fachada   10 to 12 Partial views of the façade

3

13 Vista de la verja de la puerta de acceso
14 Detalle de la verja

13 View of the fence and entrance
14 Detail of the fence

14

15/16 Fragmentos de la fachada
17 Vista general de la casa con el jardín, hoy
     desaparecido
18 Vista de la fachada del jardín

15/16 Partial views of the façade
17 General view of the house showing the
     garden, now disappeared
18 View of the garden façade

Villa de veraneo junto al palacio del marqués de Comillas para don Máximo Diaz de Quijano, contemporánea de la Casa Vicens, responde a la misma influencia estilística de raíz árabe, pero con un programa algo distinto, distribuido en una planta semisótano, una planta noble y el desván bajo cubierta. El acceso, ubicado en una de las esquinas de la casa, está claramente identificado por una gran torre cilíndrica de fábrica de ladrillo revestida de cerámica vidriada, y en su pedestal o parte baja se transforma todo ello en un porche con cuatro columnas, mientras que la superior queda rematada por un mirador, configurándose como el elemento más sugerente de esta obra. Gaudí seguirá trabajando y ejercitándose en el elemento mirador en esquina, jugando con unos bancos que son, al mismo tiempo, barandilla con un formalismo decorativo más suave y uniforme que el de la Casa Vicens. La utilización simultánea de franjas de ladrillo de fábrica manual y de piezas vidriadas, con un especial relieve, van completando el cerramiento. Aquí las ventanas quedarán enrasadas en el plano de fachada con un despiece vertical muy acusado, mientras que su interior permite una utilización a modo de mirador.

Los trabajos de control y dirección de esta obra estuvieron a cargo del arquitecto Cristóbal Cascante, compañero de Gaudí en la Escuela de Arquitectura de Barcelona.

This summer villa for don Máximo Diaz de Quijano, adjacent to the palace of the marqués de Comillas, is contemporary with the Vicens house, exhibiting the same stylistic influences, Moorish in origin, but with a somewhat different programme, distributed over a half-basement, a main floor and an attic under the roof.The entrance, located on one corner of the house, is clearly identified by a tall cylindrical tower made of brick and clad in glazed ceramic tiles, the lower part of which metamorphoses into a porch with four columns, while the upper part is crowned by a belvedere, the most striking element of the whole composition. Gaudí continues here to work on, and explore, this element of the corner belvedere, at the same time playing with benches which are also balustrades, employing a smoother and more uniform decorative formalism than in the Vicens house. The simultaneous use of courses of hand-made brick and strips of glazed ceramic tile in higher relief completes the enclosure of the walls. Here, the windows are set flush with the external façade, with a very pronounced vertical division, while on the inside the bays provide space for seating. Cristóbal Cascante, a fellow student of Gaudí's at the Escuela de Arquitectura de Barcelona, was responsible for on-site supervision and direction of the construction of the house.

1 Planta
2 Fragmento de la fachada con el torreón de acceso

1 Plan
2 Partial view of the façade showing the turreted entrance porch

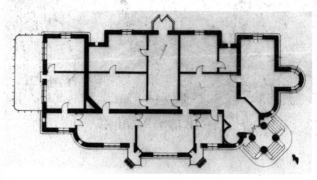

1

3

4

3/ 4 Detalles de la fachada

3/4 Details of the façade

5 Vista general
6 Vista en escorzo de la fachada principal

5 General view
6 Foreshortened view of the main façade

32

5

6

7 Detalle de la ventana del estar
8 Detalle del artesanado de madera
9 Detalle de la ornamentación
10 Detalle del torreón

7 Detail of the living room window
8 Detail of the woodwork
9 Detail of the ornamentation
10 Detail of the turret

1884-1887 Pabellones finca Güell. Avinguda de Pedralbes, 7, Barcelona

Los edificios destinados a portería y a caballerizas, unidos por una gran verja que forma la gran puerta, configuran los pabellones de la finca «Can Feliu» que Joan Güell Ferrer adquirió en 1860 aproximadamente.

Su hijo, Eusebi Güell Bacigalupi, mecenas y protector de toda la obra gaudiniana, sea a través de encargos propios, sea por encargo a amigos y familiares suyos, encarga a Gaudí que construya unos pabellones y una cerca para delimitar la propiedad, rica en especies arbóreas con una casa de mediados del siglo XIX.

En 1919, Joan Antoni Güell López, hijo de Eusebi Güell, dona a la ciudad de Barcelona la casa y parte de la finca cuyo destino será la futura residencia de la familia real.

El pabellón de la portería, con un cuerpo de planta octogonal cubierto con una cúpula y rematado con un cupulín, y otros dos adosados de proporciones rectangulares, coronados de forma similar, forman la masa corpórea que conforma el bastión izquierdo del gran acceso a la finca.

Las caballerizas, con un acceso en ángulo, para dar mejor soporte a la gran reja, y un pequeño zaguán que alberga la escalera que conduce a la cubierta, contienen el gran espacio rectangular en planta, en el que los arcos parabólicos y las bóvedas tabicadas, asimismo de perfil parabólico que los van uniendo, son los elementos arquitectónicos que le dan soporte.

La luz se difumina a través de unas aberturas trapezoidales bañando, entre arco y arco, de forma homogénea, la sala. En el extremo opuesto al acceso encontramos una sala casi cuadrada en la que el pavimento de piedra conforma unos círculos con una disposición radial que no es más que un modo de trasponer con otro lenguaje la cúpula que cubre este espacio. Esta cúpula, en su parte exterior, con los tres anillos aligerados de fábrica de ladrillo son el soporte adecuado a un cupulín de gran belleza.

El cerramiento de toda la finca incorpora las fachadas de estos pabellones. Las pocas aberturas existentes quedan claramente diferenciadas, tan sólo para enfatizar más el acceso, mientras que las de la portería, con su persiana fija de madera abombada, adquieren una forma

1884-1887 Pavilions in the Güell estate. Avinguda de Pedralbes, 7, Barcelona

The pavilions in the "Can Feliu" estate, acquired by Joan Güell Ferrer in or around 1860, consist of a gatekeeper's lodge and a stable, linked by the great wrought iron gates of the main entrance.

His son, Eusebi Güell Bacigalupi, the patron and protector of all Gaudí's work, whether through direct commissions for himself or for his friends or relatives, asked Gaudí to construct the pavilions and a wall to enclose and delimit the extensively wooded property with its mid-19th century house. In 1919, Joan Antoni Güell López, son of Eusebi Güell, donated the house and part of the estate, to be used as a future residence for the royal family, to the city of Barcelona.

The gatekeeper's lodge, with its main body octagonal in plan, covered by a cupola finishing in a little turret, and the two adjacent rectangular volumes, crowned in similar fashion to the first, constitutes the mass which provides the left-hand bastion to the grand entrance gate of the estate. The stables, with their entrance at one corner so as to give greater suport to the great wrought iron gates and the little vestibule housing the staircase that leads up to the roof, comprise a large area, rectangular in plan, in which the parabolic vaults and the partitions, also parabolic in section, which bridge them, are the principal structural elements of the architecture.

Light enters through a series of trapezoidal openings situated between the vaults to provide even and regular illumination throughout. At the far end of the stables, opposite the entrance, is an almost square room, with the paving of its stone floor patterned in concentric circles, this being a transposition into a different language of the dome which roofs this space. The dome, along with ther light-weight brick rings, provides suitable suport for an exceptionally lovely turret.

The façades of these pavilions form part of the perimeter wall enclosing the estate. The few openings in this perimeter are clearly differentiated, simply in order to give more emphasis to the main entrance, while those in

casi escultórica. Veremos, no obstante, cómo en las aberturas del resto del conjunto tan sólo se recorta el muro formando arcos parabólicos en puertas y ventanas.

La misma sensación de cuerpo macizo queda claramente explicada en el plano de la gran verja del dragón. Un mástil con las siglas de los Güell soporta esta gran bestia llena de una expresividad, poco común, perfectamente ejecutada que será, sin duda, una clara advertencia de la gran labor que en el diseño de estos elementos –imprescindibles para esta arquitectura– realizará Gaudí de forma cotidiana.

the gatehouse, with its fixed blind of curved wood, take on an almost sculptural form. Nevertheless, as we shall see, the perimeter is only broken elsewhere by doors or windows in the form of a parabolic arc.

This sensation of mass and volume finds clear expression in the vertical plane of the great gate and its wrought iron dragon. A post bearing the Güell emblem acts as support to the great beast, full of a quite exceptional expressiveness whose perfect expression is undoubtedly a clear reminder of the tremendous effort Gaudí invested on a daily basis in the design of these elements which play such an indispensable part in this architecture.

1 Vista del pabellón de la portería
2 Vista del pabellón de las caballerizas

1 View of the gatehouse
2 View of the stables

1

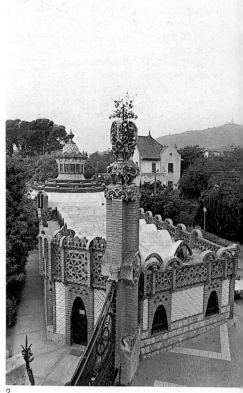

2

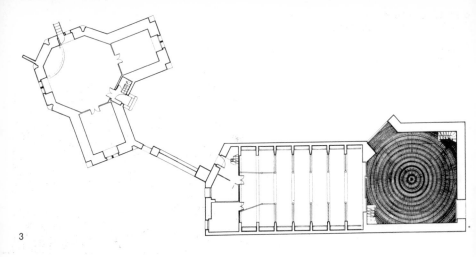

3

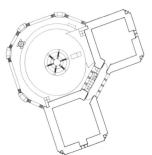

4

3 Planta baja del conjunto
4 Planta piso de la portería
5 Alzados de la portería

3 Ground floor plan
  of the complex
4 First floor plan of
  the gatehouse
5 Elevations of the
  gatehouse

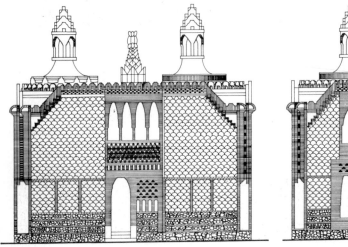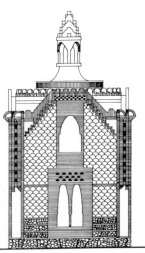

5

6 Alzado de la portería
7/ 8 Alzados de las caballerizas

6 Elevation of the gatehouse
7/8 Elevations of the stables.

6

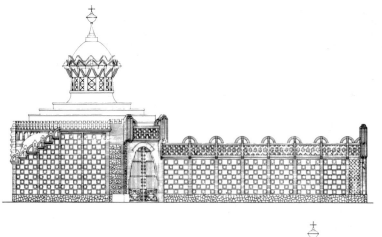

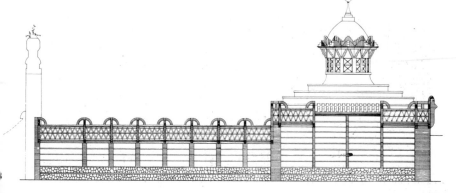

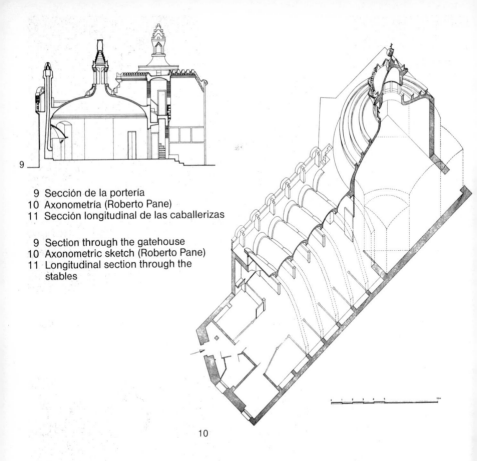

9 Sección de la portería
10 Axonometría (Roberto Pane)
11 Sección longitudinal de las caballerizas

9 Section through the gatehouse
10 Axonometric sketch (Roberto Pane)
11 Longitudinal section through the
   stables

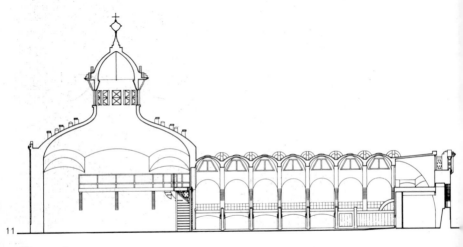

12 Vista desde el interior de la verja y la puerta
13 Detalle de la cabeza del dragón
14 Vista exterior de la verja

12 View of the gate and door from the inside
13 Detail of the dragon's head
14 View of the gate from the outside

14

15 Detalle de las caballerizas
16 Detalle ornamental de las caballerizas

15 Detail of the stables
16 Decorative detail of the stables

17 Vista de la fachada lateral de las caballerizas

17 View of the side facade of the stables

18 Detalle de las caballerizas

18 Detail of the stables

19 Detalle cupulín de las caballerizas

19 Detail of the turret above the stables

43

20 Detalle de la puerta principal

20 Detail of the main gate

21 Detalle remate de la puerta principal

21 Detail of the top of the main gate

22

22 Detalle de una esquina de la portería
23 Vista interior de las caballerizas. Actualmente sede de la Cátedra Gaudí

22 Detail of one corner of the gatehouse
23 Interior view of the stables, at present the
   home of the Càtedra Gaudí

23

1886-1889 Palacio Güell. Carrer Nou de la Rambla, 9, Barcelona

La construcción de la nueva residencia en Barcelona para Eusebi Güell coincide con uno de los momentos de esplendor que vive la ciudad: la Exposición Universal de 1888. Gaudí en este proyecto realiza un gran esfuerzo para encontrar un nuevo lenguaje que se vaya alejando del momento historicista. No obstante, será en esta obra donde veremos mezclados todo un repertorio de soluciones estructurales, para acabar en una riqueza exquisita en detalles y acabados. La planta sótano, con unos grandes pilares cilíndricos de fábrica de ladrillo manual, aparte de los muros de carga y de las bóvedas del mismo material, conforma una compleja base, en donde ya empieza a intuirse el gusto de Gaudí por enfatizar un elemento estructural exento y cilíndrico.

En la planta baja, el tratamiento empieza a cambiar, produciéndose una simbiosis entre una estructura de muros con otra de pilares o columnas. Si seguimos en orden ascendente veremos cómo muros, bóvedas tabicadas, arcos parabólicos, secuencias de pilares formando arcos lobulados con sus capiteles, que irán cambiando su forma según el lugar en que se encuentran, constituyen una compleja estructura. El gran espacio central, con su cúpula llena de pequeños huecos que dejan traspasar la luz, delimita perfectamente la sala de estar del palacio.

Así como el acceso a las diferentes plantas se realiza con distintos tramos de escalera, obligando a todo un recorrido que fluye por diversas dependencias del palacio, la escalera de servicio conforma un espacio único e ininterrumpido que sirve a todas las plantas de igual forma, y que se sostiene por unos tirantes trenzados de hierro que la hacen similar a una pieza colgante.

La fachada que da a la calle está revestida de mármol en sus primeras plantas a modo de zócalo, dando una sensación de acabado más urbano, siguiendo a este revestimiento una mampostería más historicista, que conformará también la fachada posterior. El acceso, perfectamente simétrico, está indicado por la abertura de dos arcos parabólicos. La disposición de huecos, la gran tribuna que recorre la fachada

1886-1889 Palau Güell. Carrer Nou de la Rambla, 9, Barcelona

The construction of this new town residence for Eusebi Güell in Barcelona coincided with a moment of great splendour in the city's history: the Universal Exposition fo 1888. In this project, Gaudí directs a great deal of effort towards finding a new language, a language still further removed from the spirit of historicism. In spite of this, however, it is in this project that we find a whole repertoire of different structural solutions mixed together, the end result being an exquisite richness of details and finishes. The basement floor, with its great cylindrical pillars of hand-made brick, along with the load-bearing walls and vaulting in the same material, forms a complex base, in which Gaudí's taste for placing emphasis on the free-standing, cylindrical structural element can already be discerned.

With the ground floor, the approach begins to change, giving rise to a symbiotic interplay between one structure –of walls– and another –of pillars or columns. If we continue in ascending order we can see how walls, partitioned vaults, parabolic arches, series of pillars forming lobed arches with their capitals, which undergo changes of form according to their location, constitute a complex structure. The great central space, with its dome full of little openings which let in the light, delimits the living room of the palace perfectly.

While access to the different floors of the house is by way of quite separate flights of stairs, thus involving an elaborate itinerary which passes through various of the *palau's* suites and rooms, the service staircase folows an uninterrupted course in a single space, serving every floor of the house in the same degree, and is supported by interwoven iron ties which make it comparable to a suspended staircase.

The façade which gives onto the street is clad in marble on its lower floors in the manner of a plinth, giving a greater impression of urbanity to the finish; the masonry which follows this, and has also been employed on the rear façade, is more historicist in style. The entrance, which is perfectly symmetrical, is

casi de un extremo al otro, así como el remate con sus pequeños piñones escalonados que acompañan a las chimeneas, ninguna igual respecto a las demás, componen este plano perfectamente ritmado, entre grisáceo y blanco, que recuerda el gótico veneciano.

La fachada posterior, orientada a sur, aloja un elemento singular: una tribuna con un balcón superior y una pérgola. Todo este conjunto, único elemento que sobresale del plano pétreo, es como una gran persiana que protege del asoleamiento estival. Un ejemplo más de la singularidad que va adquiriendo Gaudí en sus diseños, incluso en este caso, con mecanismos que accionan los *brise-soleil* de las ventanas con una sofisticada mecánica.

El interior del palacio está tratado con una riqueza de detalles inusual. Artesonados, columnas de mármol, marqueterías, mobiliario diseñado a medida, serán un conjunto de detalles que, en algunos espacios, darán un ambiente difícil pero, a la vez, sugerente.

1 Estudio de alzado de la fachada principal en 1886

1 Study for the elevation of the main façade in 1886

indicated by the opening of two parabolic archways. The positioning of these openings, and the grand gallery which runs almost the whole length of the façade, as well as the parapet with its little stepped crenellations, no two of them exactly the same, which complement the chimneys, together compose this perfectly rhythmic plane, in a combination of grey and white, reminiscent of Venetian Gothic.

The rear façade, which looks south, boasts one highly unusual element, a gallery with a balcony above it topped by a pergola. This composite feature is the only element which projects out from the plane of the stonework, and acts, in effect, like a large blind, to give protection from the summer sun. This is yet another example of the increasing individuality of Gaudí's designs: particularly unique in this case are the mechanism which operate the *brise-soleil* over the windows by means of sophisticated apparatus. The interior of the *palau* has been treated with an exceptional wealth of detail. Wooden panelling, marble columns, marquetry work, specially designed furniture, together make up an approach to detailing which creates an atmosphere that, although in certain places difficult, is at the same time richly suggestive.

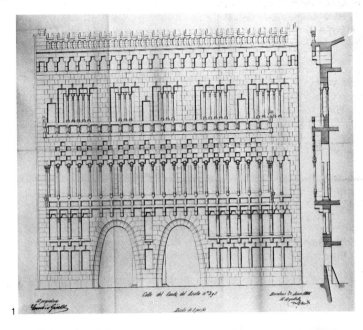

1

2 Axonometría seccionada, según Amigos de Gaudí
3 Alzado de la fachada principal, según Rosa Cortés Pagés, alumna de la ETSAB

2 Sectional axonometric, by the Amigos de Gaudí
3 Elevation of the main façade, by Rosa Cortés Pagés, student at the ETSAB

4

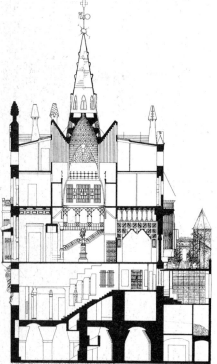

4 Fragmento de la sección transversal, según Antonio Ortiz López, alumno de la ETSAB
5 Sección transversal
6 Planta noble en 1886
7 Vista de la fachada principal en 1902

4 Partial view of a transverse section, by Antonio Ortiz López, student at the ETSAB
5 Transverse section
6 The main floor in 1886
7 View of the main façade in 1902

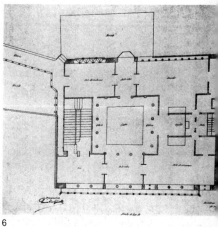

5

6

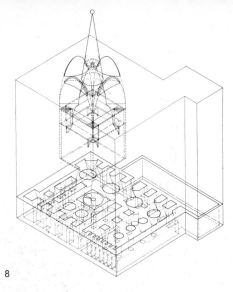

8

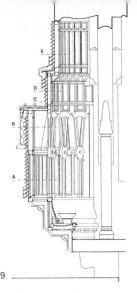

9

8 Axonometría volumétrica
9 Sección de la tribuna de la fachada posterior
10/11 Detalles de la tribuna de la fachada posterior
12 Vista de la fachada posterior

8 Volumetric axonometric
9 Section of the gallery on the rear façade
10/11 Details of the gallery on the rear façade
12 View of the rear façade

10

13

14

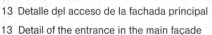

13 Detalle del acceso de la fachada principal
13 Detail of the entrance in the main façade

14 Detalle de los pilares de la planta sótano
14 Detail of the pillars in the basement

15 Puerta de acceso vista desde el interior
15 Gate over the entrance seen from within

16 Detalle de los arcos y pilares de la tribuna de la fachada
17 Detalle de los capiteles
18 Vista interior de la tribuna de la fachada posterior
19 Detalle del interior

16 Detail of the arches and pillars of the gallery on the façade
17 Detail of the capitals
18 Interior view of the gallery on the rear façade
19 Detail of the interior

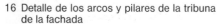

20

20 Vista del salón principal
21 Planta, alzado y detalle de la escalera de servicio
22 Vista del tocador

20 View of the main drawing room
21 Plan, elevation and detail of the service stairs
22 View of the dressing table

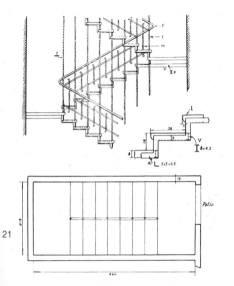

21

22

23

23 Interior de la cúpula del salón principal
24 Vista de las chimeneas
25 Detalle de la cúpula del salón principal

23 Interior of the cupola of the main drawing room
24 View of the chimneys
25 Detail of the cupola of the main drawing room

24

1887-1893 Palacio episcopal. Astorga, León

Destruida la sede episcopal en esta ciudad a causa de un incendio, Gaudí recibe el encargo de construir un nuevo palacio.

El edificio consta de planta sótano, planta del piso bajo, piso principal y planta sotabanco.

Todos los muros exteriores que conforman las distintas fachadas del edificio fueron construidos con piedra granítica de color gris, mientras que en el interior Gaudí utilizó muros de carga, pilares con capiteles, bóvedas de crucería, así como los arcos ojivales.

A excepción del acceso principal con un pórtico con dos arcos abocinados, el resto del edificio presenta una gran unidad compositiva. Los distintos torreones que enfatizan aún más la verticalidad, dan una continuidad en la visión exterior del edificio, utilizando el recurso formal neomedievalista en el tratamiento de las esquinas. La fuerza que adquiere la masa pétrea, hace que esta obra adquiera un protagonismo excesivo.

Es de lamentar, una vez más, que este edificio no fuera terminado por Gaudí ya que, a la muerte del obispo que le hizo el encargo, éste renunció a dirigir los trabajos de construcción del mismo. Así pues, el Palacio Episcopal de Astorga es una obra debida, sólo en parte, a Antoni Gaudí. Este hecho se hace bien patente al observarlo, si bien las personas que lo finalizaron intentaron, en todo momento, seguir el proyecto redactado por él.

1887-1893 Episcopal Palace. Astorga, León

After the episcopal seat in the city was destroyed by fire, Gaudí was commissioned to build a new palace.

The building consists of a basement, ground floor, main floor and attic. All of the exterior walls which make up the building's various facades are constructed of grey granite, while in the interior Gaudí used load-bearing walls, pillars with capitals and cross-vaulting, as well as ogival arches. With the exception of the main entrance, which has a portico with trumpet-shaped arches, the rest of the building exhibits a high degree of compositional unity. The various turrets which lend even greater emphasis to the verticality give continuity to the external appearance of the building, resorting to a neo-mediaevalism in the treatment of the corners, and the force achieved by the mass of stone gives the work as a whole an effect of excessive protagonism. Once again, we can only lament the fact that Gaudí did not himself finish the building, as, on the death of the archbishop who entrusted him with the brief, Gaudí declined to supervise the work of construction in person. Thus it is that the Episcopal Palace in Astorga is a work due only in part to Antoni Gaudí. This fact makes itself fully apparent to the observer, even although the people who actually finished off the project made every effort to follow the scheme drawn up by Gaudí.

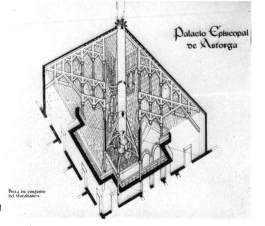

Palacio Episcopal de Astorga

Plata de conjunto del Sotabanco.

1

1 Vista del conjunto del sotabanco
2 Axonométrica según el proyecto original
3 Sección longitudinal
4 Sección transversal

1 View of the attic in its entirety
2 Axonometric from the original scheme
3 Longitudinal section
4 Transverse section

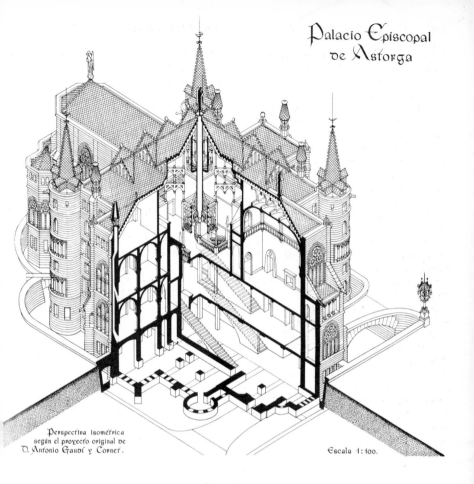

Palacio Episcopal
de Astorga

Perspectiva isométrica
según el proyecto original de
D. Antonio Gaudí y Cornet.

Escala 1:100.

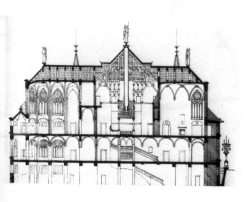

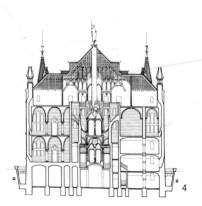

4

5 Vista general
6 Vista del palacio y su entorno inmediato

5 General view
6 View of the palace and its immediate surroundings

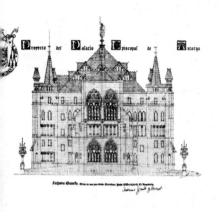

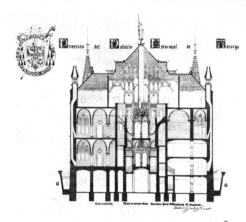

7 Fachada principal del proyecto original
8 Sección transversal del proyecto original
9 Planta del piso principal del proyecto original
10 Planta del sotabanco del proyecto original

7 Main façade from the original scheme
8 Transverse section from the original scheme
9 Plan of the main floor from the original scheme
10 Plan of the attic from the original scheme

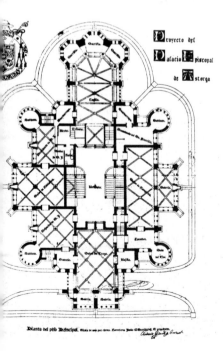

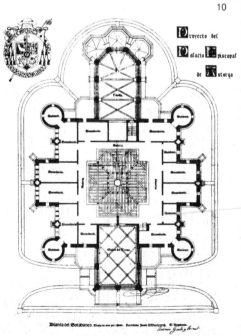

11

11/12 Vista del palacio en construcción
13 Detalle del pórtico del acceso
14 Fragmento de la zona posterior

11/12 View of the palace during construction
13 Detail of the entrance portico
14 Partial view of the rear part of the building

12

15

15 Detalle del puente
16 Detalle de la fa-
chada

15 Detail of the door-
way
16 Detail of the
façade

16

17 Vista interior del so-
tabanco
18 Vista interior del
piso principal
19 Detalle de un capitel

17 Interior view of
the attic
18 Interior view of
the main floor
19 Detail of a capital

1888-1890 Convento teresiano. Carrer de Ganduxer, 95-105, Barcelona

Edificio aislado, de planta rectangular y de cuatro pisos de altura, construido en obra de fábrica de ladrillo. En la composición de las fachadas, existe un absoluto rigor en cuanto a la disposición de los huecos, siendo la altura de éstas distinta debido a las diferentes funciones que se desempeñan en su interior.

Este «decallage» funcional introduce una mayor riqueza ornamental y compositiva en la última planta, debido al doble juego con el arco parabólico, y a la importancia del remate. Es remarcable el tratamiento de las esquinas con la culminación de la cruz de cuatro aspas.

La planta baja, de gran altura, contiene un pequeño vestíbulo de acceso y, en contrapartida, un espacioso corredor iluminado cenitalmente. Este corredor conforma un eje longitudinal que irá desdoblándose en las plantas superiores. En la planta primera lo hará introduciendo unos patios rectangulares que recogen los recorridos de un claustro.

En las dos plantas restantes, se seguirá manteniendo una degradación de la altura y el corredor quedará reducido a una expresión más simple y funcional. Gaudí sigue un programa en la concepción de este edificio, un programa de prioridades perfectamente definido: economía, rapidez de ejecución, sobriedad, por citar algunos conceptos que definen el mismo.

Saber conjugar en un edificio de planta rectangular la disposición de las distintas dependencias adosadas a las fachadas de mayor dimensión y dejar este gran espacio longitudinal, en donde la luz que penetra delimita unos recorridos y en el que las zonas casi en *cul-de-sac* quedan corporeizadas a modo de sala hipóstila, hacen de este edificio un ejemplo de cómo solucionar tanto los aspectos funcionales y de programa, como los de saber componer una envolvente absolutamente ritmada, pero llena de una especial expresividad.

La verticalidad tan acentuada quiere contrarrestar este volumen, solucionando el problema que supone una disminución de altura interior con una acentuadísima verticalidad exterior, enfatizada precisamente en la última planta.

Gaudí sabe resolver con este aspecto exterior casi de edificio «prefabricado» el gran proble-

1888-1890 Theresan convent. Carrer de Ganduxer, 95-105, Barcelona

This free-standing building, rectangular in plan and four storeys in height, is constructed of brickwork throughout. In the composition of the facades there is an absolute rigour as regards the disposition of the openings, the different heights of which are due to the different functions carried out in the interior of the building.

This functional "decallage" leads to a greater ornamental and compositional richness in the top floor, as a result of the play made in the use of the parabolic arch, and the importance of the parapet. The handling of the corners, each of which culminates in a four-armed cross, is particularly remarkable.

The very tall ground floor contains a small entrance hall, which is counterbalanced by a spacious corridor, lit from above. This corridor establishes a longitudinal axis which repeats itself on the floors above. As it is repeated on the first floor it introduces a series of rectangular courtyards which serve to organise the itineraries around a cloister.

In the two remaining floors, the successive reduction in the ceiling height is continued, and the corridor is reduced to a simpler and more functional expreession. In his conception of this building Gaudí is following a programme, a perfectly defined programme of priorities: economy, speed of exceution, soberness, to name just some of the concepts which give this programme its defintion.

The skill with which the various rooms set against the two longer facades have been laid our, leaving free this great longitudinal space, in which the entrance of the light serves to delimit itineraries, and where areas which are almost cul-de-sacs are endowed with the form of hypostile chambers, makes this building an ideal illustration, not only of how to resolve questions of function and programme, but of how to compose surroundings which are both perfectly rhythmical and at the same time full of a special expressiveness.

The degree of emphasis on the vertical character is an attempt to counterbalance the volume, resolving the problem posed by a reduction of internal ceiling height with an

ma que supone la repetición de un elemento «n» veces. En su tratamiento exterior da prioridad absoluta a las esquinas del edificio, quedando en segundo orden los cuerpos que indican el acceso y la caja de escaleras. El ritmo de lleno-vacío tamiza y equilibra la luz adecuándola perfectamente al uso de aula de enseñanza.

1 Sección longitudinal (según Ll. Bonet)
2 Planta tipo (según Ll. Bonet)
3 Planta baja (según Ll. Bonet)

1 Longitudinal section (by Ll. Bonet)
2 Typical floor plan (by Ll. Bonet)
3 Ground floor plan (by Ll. Bonet)

accentuation of the verticality of the exterior, emphasised above all in the top floor.

Gaudí's genius led him to this exterior appearance, in some ways like that of a "prefabricated" building, as a solution to the problem raised by such extensive repetition of a given element. The external treatment gives absolute priority to the corners of the building, while the volumes which indicate the entrance and the stairwell are relegated to the second rank. The rhythm of fullness and emptiness filters and equilibrates the light, perfectly adapting it to the functional requirements of the classroom.

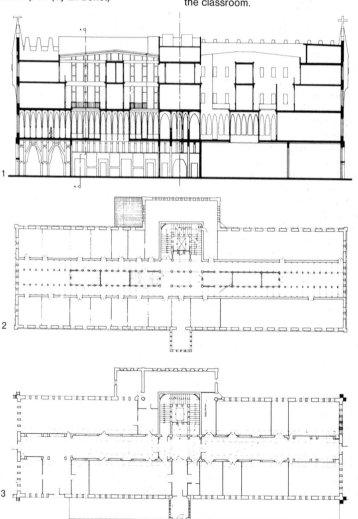

4

5

4 Detalle de la cruz de coronación de la esquina

4 Detail of the cross crowning the corner

5 Detalle de la verja de la puerta de acceso

5 Detail of the entrance gate

6/ 7 Vistas generales de las fachadas lateral y posterior

6/7 General views of the side and rear facades

8/9 Vistas del corredor de la planta piso
10 Vista de una aula del colegio. Fotografía de época

8/9 Views of the first floor corridor
10 A period photograph showing one of the classrooms

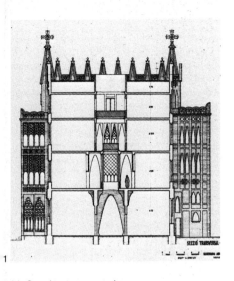

1

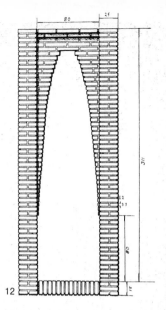

12

11 Sección transversal	11 Transverse section
12 Detalle del despiece de una ventana	12 Detail of a window opening
13 Detalle de la fachada principal	13 Detail of the main facade
14 Vista de una aula del colegio. Fotografía de época	14 A period photograph of one of the classrooms

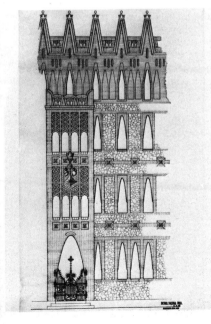

3

14

1891-1894 Casa Fernández Andrés (más conocida por casa de «**Los Botines**»). Plaza del Obispo Marcelo, León

El edificio aislado que Gaudí construye en el centro histórico de León, es un ejemplo del momento de duda e incertidumbre en que se encuentra inmerso. En él vemos cómo apura un lenguaje neogótico ya utilizado en anteriores obras.

Gaudí, al proyectar este edificio, dice conocer el lugar donde se va a construir. No obstante, prescinde, en cierto modo, del entorno, con edificios de notable importancia, implantando una arquitectura desconocida en León. La forma de labrar la mampostería, las tribunas cilíndricas con unos remates de clara influencia francesa y un volumen excesivo, descalifican esta obra en el contexto en donde se halla. Esta cierta incoherencia formal queda, sin embargo, soslayada en la resolución de proyecto de la planta baja. Será el primer ejemplo en donde una estructura con pilares cilíndricos en abanico acompañan perfectamente a la envolvente, produciéndose un deambulatorio entre la piel exterior y la primera crujía, efecto que Gaudí utilizará de una forma magistral en el Park Güell. El resto de plantas destinadas a vivienda, con una estructura resuelta con muros de fábrica, sigue perfectamente la disposición de la planta baja. La ordenación de los huecos en las fachadas, en donde conjugan las ventanas geminadas de la planta primera con otras de menor importancia, quedan rematadas por un volumen de cubierta pizarrosa y unas buhardillas que acompañan la verticalidad de las esquinas. Unas fajas que parten como vierteaguas y encintan todo el edificio, clarifican una cierta funcionalidad del programa.

1891-1894 Fernández Andrés house (better known as "**Los Botines**"). Plaza del Obispo Marcelo, León

This free-standing building which Gaudí constructed in the old centre of the historic city of León is a good illustration of the period of doubt and uncertainty in which he found himself immersed at the time. Here we can see him refining the neogothic language which he had already used in earlier schemes.

By the time he came to design this building, Gaudí could claim a certain familiarity with the place in which it was to stand. Nevertheless, the project to a large extent ignores its surroundings, including several noteworthy and important buildings in its vicinity, and introduces a previously unknown architecture into León. The way in which the masonry is handled, the cylindrical galleries, with the clearly French influence in their spires and their excessive volume. invalidate this scheme in terms of the context in which it is situated. However, this degree of formal incoherence is overcome in the resolution of the layout of the ground floor. This must be the first instance of a structure with a fan of cylindrical pillars which are perfectly in tune with their setting, creating an ambulatory between the outer skin of the building and the first corridor, a formal device which Gaudí was to utilise to masterly effect in the Park Güell. The other floors intended for use as living quarters, with their brickwork structure, adhere perfectly to the layout of the ground floor. The organisation of the openings in the façades, in which the matched pairs of windows on the first floor enter into play with others of lesser importance, is completed and crowned by the volume of the slate roof, and the dormer windows which set off the verticality of the corners. The fascias, which start out as windowsills, and bind the whole building together, give a certain degree of clarity to the functional quality of the programme.

1 Planta baja
2 Planta primera

1 Ground floor plan
2 First floor plan

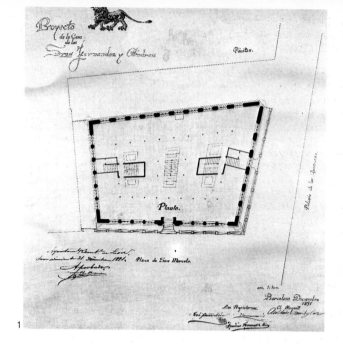

1

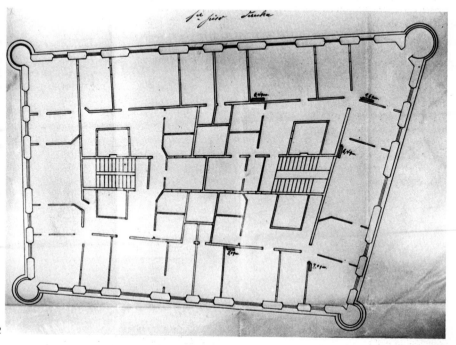

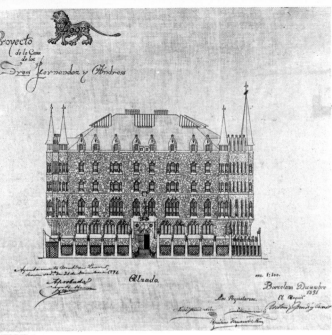

3 Alzado
4 Vista de la casa en construcción
5 Vista general
6 Vista de la casa y su entorno inmediato

3 Elevation
4 View of the house during construction
5 General view
6 View of the house and its immediate surroundings

3

4

5

6

7

7 Vista de la fachada principal
8 Vista de las fachadas lateral y posterior
9 Vista en escorzo
10 Fragmento de la fachada principal

7 View of the main façade
8 Views of the side and rear façades
9 Foreshortened view
10 Partial view of the main façade

8

9

10

11

11 Detalle de fachada y cubierta
12 Detalle de la reja de protección
13 Detalle de la puerta de acceso.

11 Detail of the main façade and roof
12 Detail of the wrought iron fence
13 Detail of the main entrance

12

1898-1904   Casa Calvet. Carrer de Casp, 48, Barcelona.

Esta obra es el primer ejemplo de edificio de viviendas entre medianeras, en régimen de alquiler, que Gaudí construye en el Ensanche.
A punto de finalizar el siglo XIX, Gaudí sigue un planteamiento bastante similar a otros ejemplos de características similares. Los bajos intentan reflejar con los gruesos machones, un cierto basamento. En el piso principal introduce una estrecha tribuna, ocupando el hueco central de los cinco que encontramos en cada planta. La potente sillería de la fachada, tratada, en cierto modo, sin acabar, da una rugosidad y un relieve que define un plano único de fachada. Los balcones, con un volumen lobulado, dan a cada hueco una salida a la calle. El remate, de influencia barroca, se completa con unos elementos en hierro característicos de Gaudí.
La fachada posterior, más ambiciosa y personal, resuelve, de una forma correcta, el elemento galería tan característico de este tipo de edificios. Las persianas con sólo doblarse, dos a dos, dejan pasar la luz y siguen configurando la volumetría de los cuerpos de las salas de estar. En otro orden de cosas está el esfuerzo en el diseño de las jardineras de la terraza posterior de los dos pisos principales, así como la decoración de techos, puertas y manecillas en las viviendas, sin olvidar la mirilla de la puerta de acceso a cada piso así como el picaporte.
Gaudí realiza en el vestíbulo de esta casa una decoración en donde empieza a notarse el cambio de siglo. Vemos elementos, con origen en la naturaleza y el cuerpo humano, aparte de la puerta que da acceso al ascensor, en donde el trabajo en hierro de forja es notable. No faltan alegorías nacionalistas-religiosas en las pinturas de este vestíbulo aparte de dos bancos adosados a cada lado de este vestíbulo que recuerdan un habitáculo de tren ferroviario.
También para la Casa Calvet, Gaudí realizará una serie de mobiliario de despacho, en el que la silla, el sillón con brazos de una y dos plazas y la mesa serán la primera gran aportación, como conjunto de piezas, al diseño de muebles que, posteriormente, continuará con una nueva serie para la Casa Batlló, aparte de otras piezas más puntales, en su mayoría de carácter religioso, que Gaudí ya había realizado.

1898-1904   Calvet house. Carrer de Casp, 48, Barcelona.

This is the first example in Gaudí's work of a rented apartment building on a gap site, constructed in the Barcelona "Ensanche".
With the 19th century all but over, Gaudí's approach to the layout of his building is assentially similar to that in a number of other schemes. The massive buttresses on the ground floor attempt to provide some form of base. On the first floor he introduces a narrow gallery, occupying the middle of the five openings on each floor. The forceful masonry of the façade, with its rather rustic lack of finish, provides a roughness and a degree of relief which define the single plane of the façade. The balconies, with their lobed formation, give each of the openings access to the street. The Baroque parapet is finished off with Gaudí's characteristic wrought ironwork.
The more ambitious and personal rear façade has a current treatment of the gallery so characteristic of this type of building. The shutters simply double bakc, and the light enters the living rooms without their wolumetry losing its configuration. The design of the planters on the rear terraces of the two main floors is of a quite different order of work, as is the decoration of the ceilings, doors and door handles, and the peephole and doorknocker on the front door of each of the apartments.
Gaudí's decoration of the main hallway of this house shows the first signs of the new century. The elements here are drawn from nature and the human body, one exception being the lift, with its outstanding wrought ironwork. There is a wealth of nationalist-cum- religious allegory in the paintings in this hallway, although the two benches set one on either side of the hall recall a railway carriage.
Gaudí also designed a series of office furnishings for the Calvet house; the chair, the one- or two-seater armchair and the table being his first real achievement in furniture design after the earlier, usually single and mainly religious pieces, continued a little later with the set of pieces for the Batlló house.

82

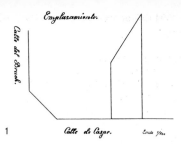

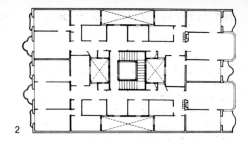

1 Emplazamiento Casa Calvet
2 Planta tipo

1 Site plan of the Calvet house
2 Typical floor plan

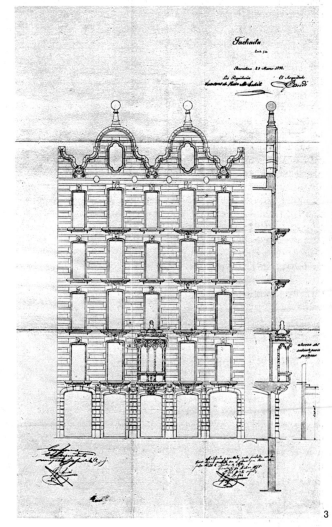

3 Fachada del carrer de Casp

3 Façade onto the carrer de Casp

3

83

4 Vista de la fachada del carrer de Casp
5 Vista de la fachada posterior
6 Detalle del remate de la fachada del carrer de Casp
7 Vista de la fachada posterior. Detalle

4 View of the carrer de Casp façade
5 View of the rear facade
6 Detail of the parapet on the carrer de Casp façade
7 View of the rear façade. Detail

7

8

8 Vista parcial de las plantas baja y principal
9 Detalle de la tribuna del piso principal
10 Detalle del cerramiento del patio
 mancomunado

8 Partial view of the ground floor and main
 floor
9 Detail of the gallery on the main floor
10 Detail of the wrought ironwork

9

10

11 Detalle del número 48 del carrer de Casp
12 Detalle del picaporte de la puerta principal
13 Detalle de la botonera

11 Detail of Nº 48 carrer de Casp
12 Detail of the knocker on the main door
13 Detail of the bellplate

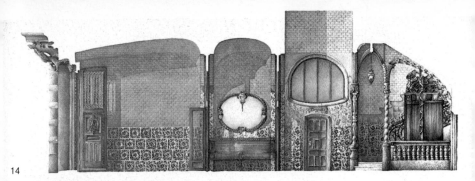

14

15

14 Sección transversal del
   vestíbulo, según M.ª Isabel
   Herrero Campos, alumna
   de la ETSAB.
15 Detalle de la verja del ascensor
16 Detalle del camerino del
   ascensor

14 Transverse section of the
   hallway, drawn by Mª
   Isabel Herrero Campos,
   ETSAB student
15 Detail of the lift gate
16 Detail of the lift shaft and
   lift cage

16

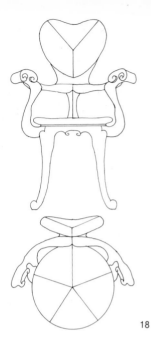

17

18

17 Sillón Casa Calvet
18 Sillón Casa Calvet. Planta y alzado
19 Sillón Casa Calvet. Detalle respaldo

17 Casa Calvet armchair
18 Casa Calvet armhair. Plan and elevation
19 Casa Calvet armchair. Detail of the back

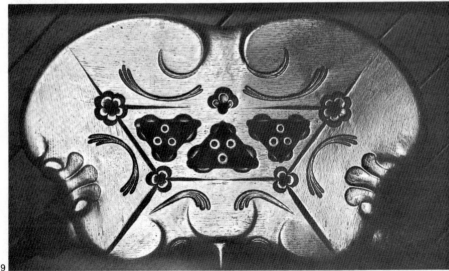

19

20 Dibujo de Gaudí de la sillería para la Casa Calvet
21 Silla Casa Calvet
22 Sillas Casa Calvet

20 Gaudí's drawing of the seating for the Calvet house
21 Casa Calvet chair
22 Casa Calvet chairs

21

22

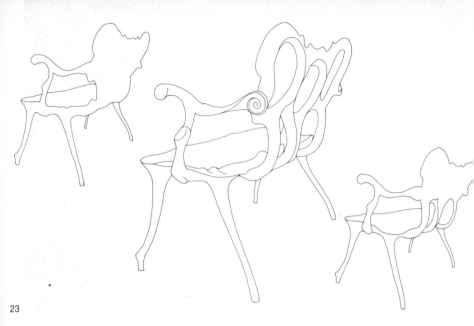

23

23 Sofá Casa Calvet. Perspectivas
24 Sofá Casa Calvet. Vista posterior

23 Casa Calvet sofa. Perspectives
24 Casa Calvet sofa. Rear view

24

25 Sofá Casa Calvet. Vista anterior
26 Jardinera terraza piso principal

25 Casa Calvet sofa. Front view
26 Planters on the terrace of the main floor

1900-1905 Torre Bellesguard. Carrer de Bellesguard, 16-20, Barcelona

Construida en una zona muy próxima a la montaña de Collserola y en el lugar donde el rey Martí l'Humà había construido su residencia, Gaudí afronta con este proyecto el gran momento del cambio de siglo. En esta obra, prevaleciendo el respeto por un pasado, con una voluntad nacionalista, veremos cómo se alza una vivienda con un volumen contundente, opaco y cerrado en sí mismo, en donde continúa la idea anterior de defensa. Los huecos son geminados y tríforos, estrechos y altos, excepto en el plano que queda sobre el acceso principal en donde unos balcones rompen esta lámina aplacada y dura.

La torre en esquina, coronada con la cruz de cuatro aspas, símbolo de la arquitectura de Gaudí, se impone como referencia.

Esta sensación de dureza y austeridad se rompe en el tratamiento de los espacios interiores. Una vez más, la construcción tradicional con bóvedas tabicadas y los muros de fábrica, configuran este edificio enriqueciendo las dependencias de la planta noble.

La buhardilla, resuelta con unos arcos de fábrica de ladrillo con unos paramentos aligerados, es una muestra de cómo Gaudí empleaba el ladrillo, dejando constancia de su evolución en el dominio tanto formal como constructivo de este material. Incide, una vez más, en jugar con una planta cuadrada agregándole una de dimensiones más reducidas en uno de los ángulos. Esta disposición la conjuga en todas ellas, mientras que la última la utiliza como tambor de la torre apuntada de planta octogonal como si de una bóveda se tratara.

1900-1905 Torre Bellesguard house. Carrer de Bellesguard, 16-20, Barcelona

Built in an area very close to the Collserola mountain, in the vicinity of the spot where King Martí l'Humà had constructed his residence, this is the project in which Gaudí addressed himself to that great moment, the start of the new century. In this scheme, in which respect for the past is so prevalent, and which has such a markedly nationalist spirit, we are presented with the construction of a house with an imposing volume, opaque and turned in on itself, in which the earlier tradition of building for defense in kept alive. The openings are geminate or triform, tall and narrow, except in the plane above the main entrance, where the balconies mark a break in this sheer hard skin.

The turret on the corner, crowned with the four-armed cross which is a symbol of Gaudí's architecture, imposes itself as a point of reference. There is a break away from the sensation of hardness and austerity in the treatment of the interior spaces. Here once again the vaulted arches and brickwork walls of traditional construction give form to the building, enriching the rooms of the main floor.

The attic under the roof, executed using brickwork arches with lightened facings, is a fine example of how Gaudí could employ brick, and lasting proof of the evolution of a mastery of the material which was both formal and constructional. Again, too, he allows himself some play with the square plan, appending another, smaller, square in one of its corners. This game with the layout is to be found on all of the floors, serving on the top floor as the tambour for the pointed spire with its octagonal plan, as if it were a vault.

1 Planta baja
2 Planta primera
3 Planta segunda
4 Planta tercera
5 Planta desván
6 Planta cubierta

1 Ground floor plan
2 First floor plan
3 Second floor plan
4 Third floor plan
5 Attic floor plan
6 Roof plan

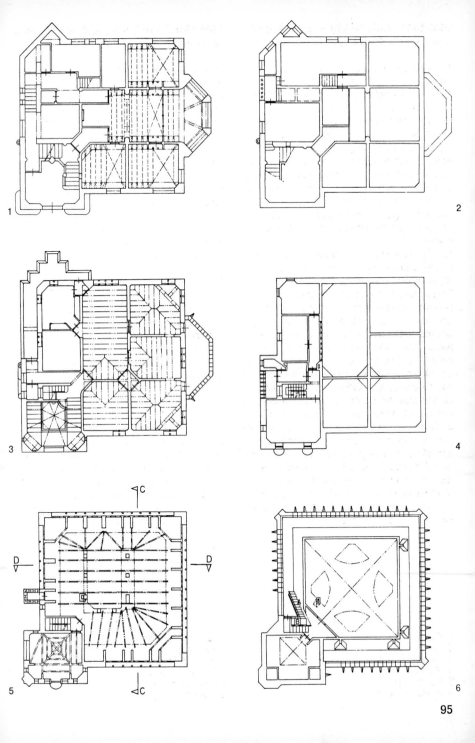

1

2

3

4

5

6

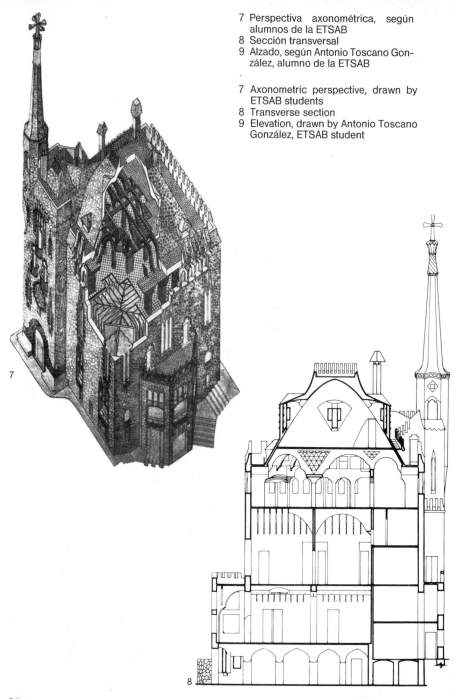

7 Perspectiva axonométrica, según alumnos de la ETSAB
8 Sección transversal
9 Alzado, según Antonio Toscano González, alumno de la ETSAB

7 Axonometric perspective, drawn by ETSAB students
8 Transverse section
9 Elevation, drawn by Antonio Toscano González, ETSAB student

7

8

9

4-GÜELL, Gaudí

10

10 Vista general. Fotografía de época
11 La torre desde el jardín. Fotografía de época
12 Vista de la fachada lateral del acceso
13 Vista del entorno desde el torreón

10 A period photograph showing a general view
11 A period photograph of the house from the garden
12 View of the side façade with the main entrance
13 View of the surrounding country from the turret

11

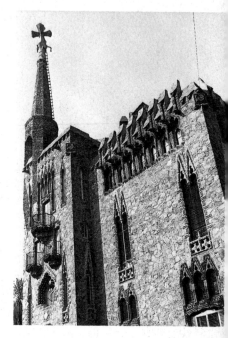

14

15

14 Detalle de las ventanas y la galería
15 Vista de la fachada desde el acceso
16 Detalle de la esquina con el banco
17 Detalle de la puerta de acceso
18 Vista de la planta sótano

14 Detail of the windows and the gallery
15 View of the façade from the main entrance
16 Detail of one corner with a bench
17 Detail of the door of the main entrance
18 View of the basement

17

18

19

19 Escalera vista desde el acceso
20 Escalera en su último tramo
21 Hueco central de la escalera
22 Detalle de la estructura del hueco de la escalera

19 The staircase seen from the entrance
20 The top flight of the staircase
21 The centre of the stairwell
22 Structural detail of the stairwell

21   22

23

24

23 Detalle de la ventana situada sobre
   la puerta de acceso
24 Vista de la cubierta
25 Vista de la planta azotea

23 Detail of the window over the main entrance
24 Detail of the roof
25 View of the attic

26

26/ 27 Vistas de la planta azotea   26/27 Views of the attic

27

2

1900-1914 Park Güell
1901-1902 Puerta y cerca finca Miralles
1903-1914 Restauración de la Catedral
de Ciutat de Mallorca
1904-1906 Casa Batlló
1906-1910 Casa Milà i Camps, "La Pedrera"
1898-1908-1915 Cripta de la Colonia Güell
1909-1910 Escuelas Sagrada Família

1900-1914 Park Güell
1901-1902 Wall and gate for the Miralles
estate
1903-1914 Restoration of the Cathedral in
Ciutat de Mallorca
1904-1906 Batlló house
1906-1910 Milà i Camps house, "La Pedrera"
1898-1908-1915 Crypt for the Colonia Güell
1909-1910 Sagrada Familia schoolrooms

1900-1914 Park Güell. Muntanya Pelada, carrer Olot, s/n. Barcelona. Arquitecto colaborador: Josep Maria Jujol y otros.

1900-1914 Park Güell. Muntanya Pelada, carrer Olot, Barcelona. Collaborating architects: Josep Maria Jujol and others.

En una extensa ladera de 20 ha en la Muntanya Pelada, propiedad de la familia Güell, con unas vistas excepcionales sobre el llano de la ciudad, se situará el segundo gran parque de Barcelona. Aunque recibe la denominación que le atribuye un carácter público, la idea original se plantea más como una urbanización con sus correspondientes servicios, que como zona pública.

Siguiendo los ejemplos de otras ciudades europeas, Eusebi Güell desea que su ciudad tenga una ciudad-jardín singular.

Gaudí plantea la ordenación de una serie de equipamientos en la zona más próxima al acceso principal, así como de sesenta parcelas, todas ellas unidas por diversos viales con una longitud total de tres kilómetros, que irá salvando la fuerte pendiente mediante un trazado sinuoso. Unicamente se construirán dos casas. Una de ellas será la nueva residencia del promotor y la segunda, según proyecto de Francesc Berenguer, será la que ocupará el propio Gaudí durante varios años.

Gaudí realiza una labor ejemplar en el tratamiento de este conjunto. En él diseña diferentes elementos: dos edificios que señalan el acceso principal situado en la calle de Olot, una columnata de inspiración dórica que soporta una gran plataforma, unos viaductos para salvar desniveles en el nuevo trazado del parque y una cerca que no es más que la culminación de toda una labor realizada anteriormente.

Los dos edificios, que indican el acceso principal, están destinados uno a vivienda del guarda del parque y el otro a lugar de espera y reunión para los visitantes. Este planteamiento nos recuerda el realizado en los pabellones de la finca Güell. Aquí no encontramos una verja con un dragón, pero sí encontramos dos edificios que, con sus formas, enmarcan una gran escalinata con una fuente que alberga un dragón en posición de vigía. Estos dos edificios no pueden desvincularse de la plaza del acceso. Los muros curvos que acompañan la escalinata están tratados como si accediéramos a una gran sala de la planta noble de un edificio representativo.

It was decided that a stretch of hillside 20 hectares in area, belonging to the Güell family, on the slopes of the Muntanya Pelada, with fine views out across the city below, should be the site of Barcelona's second major park. Although designated as a park, and thus given a public character, the scheme was originally conceived as a residential development, with attendant services, and not as a public space. Influenced by the example of other European cities, Eusebio Güell wanted an outstanding garde-city for his native Barcelona.

Gaudí's scheme laid out a series of facilities in the zone nearest the main gate, in addition to sixty plots, all linked together by a network of roadways with a total length of three kilometres, its sinuous layout adapting it to the pronounced slope. Only two houses were ever built. One was to be the developer's own residence; the other, by Francesc Berenguer, was the house which Gaudí himself was to occupy for several years.

Gaudí's work in the handling of this complex is quite exemplary. He designed a number of different elements: two buildings marking the main entrance, on the carrer de Olot, a Doric-inspired colonnade supporting a great platform, a number of viaducts to adjust some sharp changes in level in the park's new road layout, and a boundary wall which is quite simply the culmination of all that went before. The two buildings which signal the main entrance were intended as a lodge for the park warden, and a waiting room and meeting place for visitors. This scheme brings to mind the two pavilions in the Güell estate. Here there is no wrought iron gate in the shape of a dragon, but we have instead a pair of buildings whose forms frame a grand flight of steps occupied by a dragon in a watchful pose. The two buildings are inextricably involved in the square marking the entrance. The handling of the curving walls which balance the flight of steps make us feel that we are going up to the gran salon on the main floor of some important building.

The use of colour in this entrance, achieved by

1 Vista de época. Pabellones puerta principal

1 Period photograph of the pavilions by the main gate

El cromatismo de este acceso, debido al *trencadís* de cerámica, quiere llamar la atención del visitante y ubicarlo plenamente en este lugar; una concepción un tanto barroca se percibe en este espacio. También en el edificio de la izquierda encontramos la torre, esta vez modelada y coronada con un elemento pétreo de hierro que soporta la cruz de cuatro aspas. Seguimos observando cómo Gaudí utiliza los tópi-

the *trencadis*, or shattering of the ceramic tiles, seeks to capture the visitor's attention and firmly situate it in this place; a somewhat Baroque sensibility is apparent in the space here. We find a tower, too, on the building to the left, here modelled and crowned with an ethereal element in wrought iron supporting the four-armed cross. Once again, Gaudí employs his own hallmarks, signs of his indentity, points of reference which

107

cos propios, unos signos de identidad, unos puntos de referencia que no son más que un perfecto reflejo de la singular personalidad de este arquitecto.

Sin duda hay que destacar las cubiertas de estos dos torreones del acceso, cuya mejor visión se consigue si nos situamos en la puerta del acceso lateral de vehículos.

Como continuación de este acceso principal llegamos, quizá con excesiva prontitud, a la sala hipóstila, en donde, con una habilidad sorprendente, Gaudí pasa de un espacio curvo abierto a un espacio cerrado en sí mismo. Las columnas, que soportan la gran plataforma, se encuentran dispuestas según una retícula. Los medallones circulares que, en número de cuatro, ocupan el lugar correspondiente a dos pares, son piezas únicas con un cromatismo excepcional, debidos a la potencia creativa de Jujol. Estos no son más que unas «claves» que coronan el espacio que delimita el perímetro de las piezas modulares en la parte superior de los capiteles. Las columnas inclinadas del límite exterior de esta sala, soportan un arquitrabe que se fundirá en un diálogo excepcional con la sinusoide del banco de la plaza. En este banco, debido a Jujol, es importante remarcar cómo, con un material cerámico de desperdicio, se puede llegar a un «collage» calificado como precursor de nuevos movimientos artísticos.

Es importante destacar el hecho de que toda la cromaticidad del parque la encontramos en elementos superpuestos, añadidos. Así los viaductos son el ejemplo de todos aquellos que dialogan estrechamente con la topografía del lugar adquiriendo unas veces una simbología y otras comportándose como simples columnas cilíndricas que dialogan perfectamente con la lógica estructural. Todos ellos están construidos con piedra del lugar, tratada en bruto pero eligiendo perfectamente su posición. Donde la yedra se encuentra como interlocutor, la piedra es pequeña; donde el muro necesita ser potente, se inclina formando un claroscuro de raíces clásicas, y siendo la masa pétrea más rugosa; donde se producen unos giros con gran desnivel, encontramos unas columnas que, con helicoide modelada, indican un cambio y un movimiento importante.

Donde el camino es más suave, unos maceteros dialogan con las palmeras con una textura

are simply the perfect reflection of a unique personality.

We must not overlook the fine roofs of these two pavilions by the entrance, best seen from the gateway of the vehicle entrance to the side. Continuing on from the main entrance we arrive, perhaps rather too quickly, at the hypostile hall where, in a remarkably skillful transition, Gaudí passes from an open, curving space to a one closed in on itself. The columns holding up the great platform are laid out in a regular grid. The circular medallions, four in number and arranged in two pairs, are unique, remarkable pieces, with an exceptionally fine use of colour, the product of Jujol's creative power. These are quite simply the "keystones" which crown the space delimited by the edges of the modular pieces on the upper part of the capitals. The slanting columns on the outer fringe of this hall support an architrave which enters into a particularly interesting dialogue with the sinusoidal curve of the bench in the square. It is worth noting how this bench, by Jujol again, uses discarded fragments of ceramic tiles to achieve a "collage" effect which looks forward to later movements in art.

It must be pointed out that all the colour to be found in the park is in the form of additional, superimposed elements. The viaducts, then are a good example of all those structures which enter into a close dialogue with the topography of the site, at times taking on symbolic value, at times simply behaving as cilindrical columns in perfect accord with their structural logic. All of these elements have been built out of stone quarried in situ, unworked but perfectly, precisely positioned. In those places where ivy is used as an intermediary element, small stones have been chosen; where the strength of the wall was of prime importance, it is inclined to create a chiaroscuro with classical roots, and the stone mass is coarser and rougher; where there is a significant change in level, spiralling columns indicate a change and a significant movement. When the course of the roadway is gentler, planters set up a dialogue with the palm trees, perfectly mimicking their texture, and even changing between trunk and capital. Where the roadway rises to form a bridge, extremely tall planters accompany its course; the paving, like a continuous carpet, maintains continuity.

2 Planta general del Park Güell (César Martinell)

2 General plan of Park Güell (César Martinell)

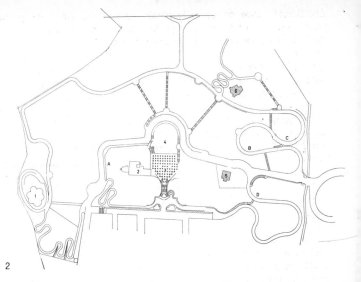

2

3 Portería y anexos puerta principal

3 Gatehouses and annexes by the main gate

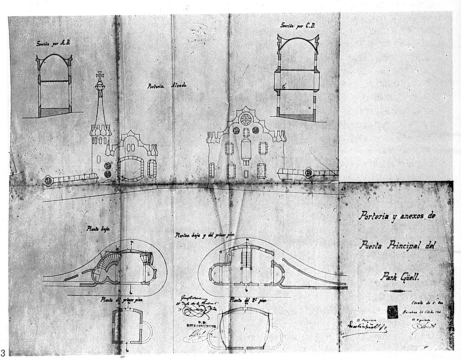

3

absolutamente mimética, percibiendo incluso un cambio entre el tronco y el capitel. En donde el camino se transforma en un paso elevado a modo de puente, unas jardineras de gran altura protegen y acompañan el trayecto, siempre con una referencia en el pavimento a modo de alfombra continua.

La cerca, en la calle de Olot, adquiere su máximo protagonismo. Esta se constituye como fachada, en elemento arquitectónico perfecto. Un zócalo, una zona intermedia urbana donde podríamos hallar los huecos de la torre de Bellesguard, una zona más ligera se comporta como soporte de la albardilla vidriada del muro, en donde aparece el movimiento ascendente-descendente que enmarca el medallón del «park» en unos y de «Güell» en otros.

The boundary wall takes on its greatest importance where it butts onto the carrer de Olot, here constituting an architectonically perfect façade. It consists of a plinth, a more urbane intermediary zone in which we might have expected to find the window openings of the Torre Bellesguard, and a lighter zone which acts as support for the glazed coping of the wall, which periodically widens to frame medallions, on which the legend "Park" alternates witho others carrying the name Güell.

4 Medallón del muro cerramiento

4 A medallion on the boundary wall

5 Medallón del muro cerramiento

5 A medallion on the boundary wall

6 Alzado del pabellón de la puerta principal, según Joan Ignasi Riera i Mas, alumno de la ETSAB

6 Elevation of the pavilion by the main gate, drawn by Joan Ignasi Riera i Mas, ETSAB student

7 Vista del pabellón de la puerta principal

7 View of the pavilion by the main gate

6

7

8

9

8 Detalle de las cu-
biertas de los pabe-
llones de la puerta
principal

8 Detail of the roofs of
the pavilions by
the main gate

9 Detalle de la fa-
chada del pabellón
de la puerta princi-
pal

9 Detail of the façade
of the pavilion by
the main gate

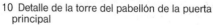

10 Detalle de la torre del pabellón de la puerta principal

10 Detail of the spire over the pavilion by the main gate

11 Alzado del pabellón de la puerta principal, según Concepción Rodríguez Arribas, alumna de la ETSAB

11 Elevation of the pavilion by the main gate, drawn by Concepción Rodriguez Arribas, ETSAB student

11

12 Detalle de la reja ventana del pabellón de la puerta principal

12 Detail of a grille over one window of the pavilion by the main gate

13 Detalle escalinata del Park
14 Vista aérea de la escalinata del Park

13 Detail of the flight of steps up to the Park
14 Aerial view of the flight of steps up to the Park

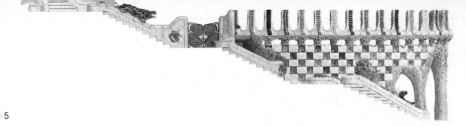

15 Sección escalinata del Park, según Sara Herrero Matey, alumna de la ETSAB

15 Section through the flight of steps up to
the Park, drawn by Sara Herrero Matey,
ETSAB student

16 Alzado columnata de la sala hipóstila, según
Carlos Puig Falcó, alumno de la ETSAB
17 Planta techo de la sala hipóstila, según Núria
Llaverias Baques, alumna de la ETSAB

16 Elevation of the colonnade in the hypostile
hall, drawn by Carlos Puig Falcó, ETSAB
student
17 Plan of the roof of the hypostile hall, drawn
by Núria Llaverias Bacques, ETSAB
studen

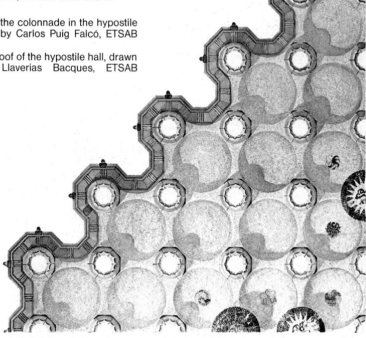

17

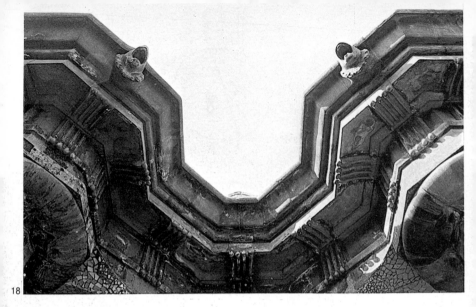

18 Detalle remate columnata de la sala hipóstila
19 Vista de la columnata desde la escalinata
   del Park
20 Fragmento de la columnata y remate de la
   sala hipóstila

18 Detail of the parapet of the colonnade in
   the hypostile hall
19 View of the colonnade from the steps up
   to the Park
20 Partial view of the colonnade and parapet
   of the hypostile hall

21

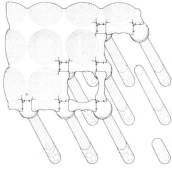

22

21 Vista columnas de la sala hipóstila

21 View of the columns in the hypostile hall

22 Vista columnas de la sala hipóstila

22 View of the columns in the hypostile hall

23 Vista de uno de los extremos del banco
24 Axonometría estructural de la sala hipóstila (Ignacio Paricio)

23 View of one end of the bench
24 Structural axonometric of the hypostile hall, drawn by Ignacio Paricio

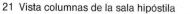
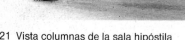
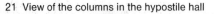

23

24

25 Vista de conjunto del banco y columnas
26 Planta modulada del banco (Ignacio Paricio)

25 Overall view of the bench and columns
26 Plan showing the geometrical bases of the bench, drawn by Ignacio Paricio

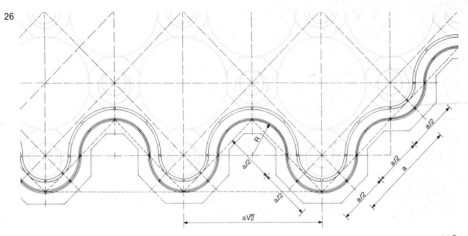

27

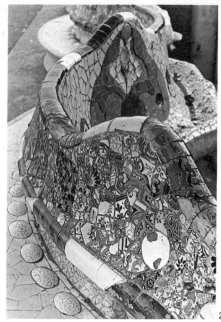

28

27 Vista del banco con la torre del pabellón
de la puerta principal
28/ 29 Detalles del banco

27 View showing the bench and the spire of
the pavilion by the main gate
28/29 Details of the bench

29

30

30/ 31 Detalles del banco

30/31 Details of the bench

31

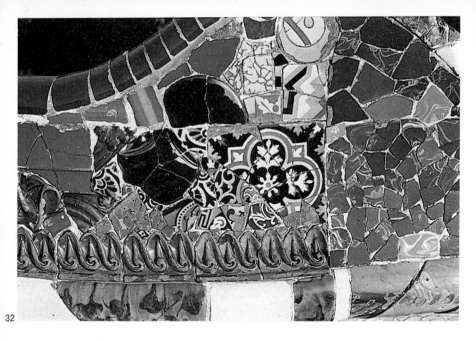

32

32/33 Detalles del *trencadís* del banco

32/33 Details of the *trencadis* on the bench

33

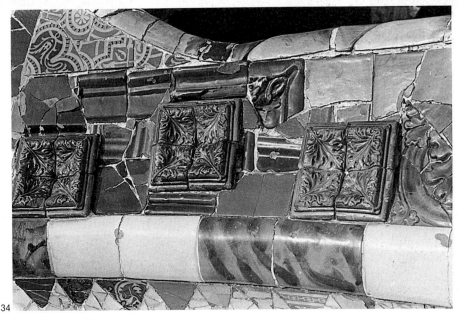

34

34/35 Detalles del *trencadís* del banco   34/35 Details of the *trencadis* on the bench

35

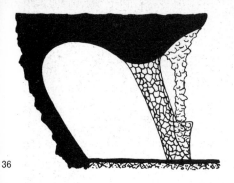

36

36 Sección de un pórtico

36 Section through a portico

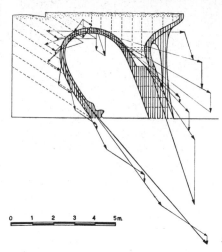

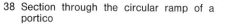

0   1   2   3   4   5m.

37

37 Sección de un pórtico con el diagrama de cargas y empujes (según Joan Bergós)

37 Section through a portico with a diagram of loads and forces, drawn by Joan Bergós

38 Sección por la rampa circular de un pórtico

38 Section through the circular ramp of a portico

39 Detalle de la puerta acceso a un pórtico

39 Detail of the entrance gate to a portico

39

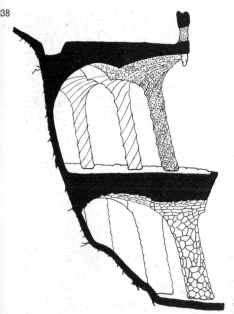

38

40/ 43 Diversas vistas de los pórticos. Detalle de una escultura

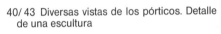

40/43 Various views of the porticoes

44

44 Detalle de un capitel del pórtico
45 Sección y alzado de un pórtico (Ruiz Vallés, Movilla, Pellicer, Recasens, Sarabia y Villanueva)
46 Sección de un pórtico
47 Detalle de un pórtico

44 Detail of a capital in one of the porticoes
45 Section and elevation of a portico, drawn by Ruiz Vallés, Movilla, Pellicer, Recasens, Serabia and Villanueva
46 Section through a portico
47 Detail of a portico

45

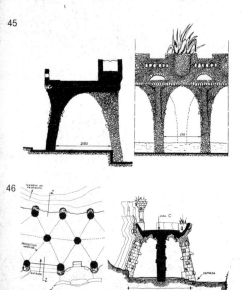

46

4

48 Vista de un rincón
del Park

48 View of a corner of
the Park

49 Vista de conjunto de
un pórtico

49 General view of a
portico

50 Detalle de las jardi-
neras

50 Detail of the
planters

1901-1902 Puerta y cerca finca Miralles. Passeig de Manuel Girona, Barcelona

Con esta pequeña obra, en la que tan sólo aparece una puerta y una cerca de piedra, vemos cómo Gaudí rompe con un pasado decimonónico y se adentra en el nuevo siglo XX.

El tratamiento de la puerta como hueco en el muro, refuerza esta idea de muro continuo. La cubierta del acceso con sus dos pendientes, formando un ángulo y tensada con unos elementos metálicos trenzados, queda coronada con la cruz de cuatro aspas.

El perfil serpenteante del muro al llegar a la puerta se pierde casi como un juego y se amplía formando una sinusoide mucho más libre, conformándose como soporte homogéneo de las dos aberturas.

1901-1902 Wall and gate for the Miralles state. Passeig de Manuel Girona, Barcelona

In this small-scale project, which consists of only a gate and a stone boundary wall, Gaudí breaks with the 19th century and the past in order to move forward into the new, 20th, century.

The treatment of the gate as an opening in the wall reinforces the idea of the wall's continuity. The pitched roof over the entrance, which forms an angle, the strain being taken by steel cables, is crowned by the four-armed cross.

There is a departure from the serpentine profile of the wall as it arriv* the gate, the curve being expanded to form a much freer sinusoid which adopts the role of homogeneous support to the two openings.

1 Vista en escorzo
2 Vista lateral
3 Vista general. Fotografía de época
4 Detalle de la cerca
5 Vista central de la cubierta de la puerta
6 Detalle de la puerta de acceso peatonal

1 Foreshortened view
2 Side view
3 Period photograph giving a general view
4 Detail of the wall
5 Central view of the underside of the roof
6 Detail of the pedestrian gate

1

2

5-GÜELL, Gaudí

1903-1914 Restauración de la Catedral. Ciutat de Mallorca. Arquitectos colaboradores: Francesc Berenguer, Joan Rubió Bellver y Josep Maria Jujol

La intervención de Gaudí en este edificio, del más puro gótico catalán, se limita a una una operación de ordenar, por un lado, la nave central colocando el coro en el presbiterio y, por otro, adecuar a la nueva función religiosa la catedral. Al cambiar el coro de lugar decora los muros que sirven de apoyo al mobiliario con una ornamentación pictórica con evocaciones en temas de la naturaleza.

Junto con la adecuación del altar mayor, ubicándolo como elemento exento para poder oficiar la función religiosa más cerca de los feligreses, Gaudí incorpora una nueva iluminación que, a modo de baldaquino, resuelve el nuevo crucero, el nuevo lugar del altar. De alguna manera, la yuxtaposición de concepciones distintas en un espacio de tres naves, perfectamente ordenado, introducirá esta innovación de voluntad de diálogo entre oficiante y oyentes, así como entre el gótico y el barroco.

Una gran lámpara, con una acertada inclinación, enmarca el lugar y se convierte en un elemento más autónomo, según sea su posición, acompañada de otras intervenciones más pequeñas. Así, en el púlpito, volvemos a encontrar una referencia al acceso principal del Palacio Episcopal de Astorga y las lámparas en hierro de forja que limitan un espacio más controlado por el visitante, efecto que produce la gran cornisa en las iglesias barrocas de una forma similar.

1903-1914 Restoration of the Cathedral. Ciutat de Mallorca. Collaborating architects: Francesc Berenguer, Joan Rubió Bellver and Josep Maria Jujol

Gaudí's involvement in this building, an example of the purest Catalan Gothic, was restricted on the one hand to organising the central nave, situating the choir in the presbytery, and, on the other hand, adapting the Cathedral to the new form of religous service. Having moved the choir, he went on to decorate the walls supporting the Cathedral furnishings with a pictorial ornamentation which evokes themes form nature.

Alongside the conversion of the main altar, resiting it as a free-standing element to make it possible to celebrate the mass closer to the congregation, Gaudí introduced a new solution for the lighting, in the form of a chandelier, thus resolving the new transept, to which the altar had been moved. To a certain extent, the juxtaposition of different conceptions within the perfectly composed space made up of the three naves acts as introduction to the innovation represented by the new spirit of dialogue between celebrant and congregation, as well as to the dialogue between Gothic and Baroque.

The large chandelier, inclined at just the right angle, takes in the whole space, and, depending on its position, becomes a largely autonomous element, together with a number of other, smaller modifications. In the pulpit, for instance, we find a reference to the main entrance to the Episcopal Palace in Astorga, and the wrought iron lampstands delimit a space which promotes a greater sense of the worshipper's role, similar to the effect produced by the cornice in Baroque churches.

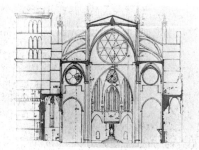

1

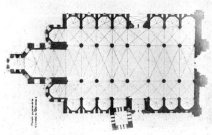

2

3

4

1 Sección transversal. Croquis	1 Transverse section. Sketch
2 Planta superior	2 Plan of the upper level
3 Boceto preliminar del baldaquino	3 Preliminary sketch of the chandelier
4 Intervención en el púlpito	4 Modification of the pulpit
5/6 Vistas de la nave central con la gran lámpara	5/6 Views of the central nave with the great chandelier

5

6

1904-1906 Casa Batlló. Passeig de Gràcia, 43, Barcelona. Arquitecto colaborador: Josep Maria Jujol

Edificio entre medianeras de planta baja, piso principal, cuatro plantas y desván en la vía de carácter residencial más importante de Barcelona.

Ante todo hay que recordar dos hechos importantes: primero, que, en 1900, Josep Puig i Cadafalch termina la Casa Ametller y, segundo, que la Casa Batlló es un proyecto de reforma de una vivienda típica del ensanche barcelonés de Cerdá.

Gaudí, en todo momento, es consciente de estos dos aspectos ya que cuando hemos visto realizada su obra hemos podido constatar hasta qué punto el intervenir junto a la Casa Ametller fue un dato de proyecto determinante. El piñón escalonado de ésta condiciona enormemente la secuencia que se producirá con la casa vecina. Gaudí estudia escrupulosamente la entrega entre ambas casas y obtiene como resultado la forma de la torre cilíndrica coronada por la cruz de cuatro aspas, símbolo de su obra, que regula y compensa perfectamente el cambio de altura, además de sorprendernos con el remate curvilíneo escamoso, ascendente y descendente, en donde forma y textura forman un todo armónico. La fachada recubierta con *trencadís* forma un suave ondulado y un cromatismo excepcional, sin duda debido a la colaboración de Josep Maria Jujol, siendo un perfecto soporte para este remate que comentábamos, aparte de los balcones de hierro que en su forma compensan y continúan los volúmenes de la tribuna corrida del piso principal. Es en éste donde Gaudí interviene con mayor fuerza. El acceso independiente, como era usual en el piso «principal» de estas viviendas, nos conduce a un espacio casi mágico en el que los estucados en caliente, la carpintería, el mobiliario y los techos conjugan en un movimiento absolutamente relajante. Todo el espacio es diseñado por Gaudí.

El gran espacio interior, que contiene la escalera de vecinos y que origina dos patios de luces comunicados entre sí merced a las aberturas en los rellanos, es como otra fachada y, casi podríamos decir, otra casa. El aplacado cerámico, que irá cambiando su intensidad de azul

1904-1906 Batlló house. Passeig de Gràcia 43, Barcelona. Collaborating architect: Josep Maria Jujol

Set in the middle of a city block on Barcelona's principal residential street, this building consists of four upper floors and an attic in addition to the ground floor and main floor.

There are two key facts to be borne in mind in considering this scheme: first, that Josep Puig i Cadafalch had completed his Casa Ametller, directly adjacent to Gaudí's, building, in 1900; and second, that Gaudí's Batlló house was a conversion to a typical house in Barcelona's "Ensanche", as laid out by Cerdà.

Gaudí is conscious throughout of these two circumstances, to such an extent that we only have to look at the end result to recongnise how far the fact of working next door to the Casa Ametller determined his project. The stepped parapet is extremely important in conditioning the sequence which his house establishes with its neighbour. Gaudí studied the relationship between the two buildings in great detail, and the outcome is apparent in the form of the cylindrical turret crowned by the four-armed cross, the symbol of his architecture, which perfectly regulates and compensates the change in height, as well as surprising us with the curving lines of the crown, with its scala-like finish of tiles, rising and falling, form and texture creating a harmonious whole. The *trencadís* on the façade is smoothly undulating and outstanding in its use of colour, undoubtedly the work of Josep Maria Jujol, a perfect support for the curving crown; of note too are the wrought iron balconies whose form compensates and continues the volumes of the continuous gallery on the main floor. It is here that Gaudí has intervened most tellingly. The separate entrance, customary on the main floor of such houses, leads us in to an almost magical space in which the hot stucco-work, the woodwork, the furniture and the ceilings all combinr in one soothing movement. The entire space was designed by Gaudí.

The large interior space housing the communal stairs and accomodating the two light wells, which communicate with each other by way of the openings on the landings, has some of the qualities of a second façade; almost of another house. The ceramic tiling, in which the blue

según nos situemos en la parte superior en donde el color es más oscuro para compensar la luz que penetra por el gran lucernario que marca un eje longitudinal –un corte en la casa– y el azul casi blanco que encontramos en el entronque de estos patios con la planta baja, hacen todo un degradado que ayuda a que la luz se reparta casi por un igual y, como consecuencia, el poder apreciar este espacio casi como una caja forrada, con una absoluta coherencia y racionalidad.

deepens in intensity as it nears the top of the stairwell, compensating for the light being stronger as it enters through the large skylight marking a longitudinal axis –a section of the house– is almost white at the point where these light wells reach ground level, gives a graduation to the whole which contributes to the almost uniform diffusion of the light, and as a result makes it easier to appreciate the space, almost like a lined coffer, and its absolute coherent and rational execution.

1 Fachada del Passeig de Gràcia (según Ll. Bonet)

1 Façade onto the Passeig de Gràcia, drawn by Ll. Bonet

2 Fachada posterior (según Ll. Bonet)

2 Rear façade, drawn by Ll. Bonet

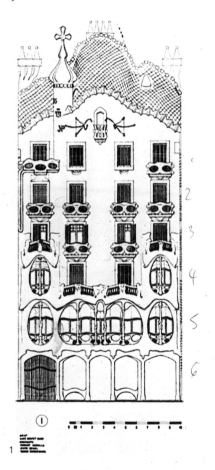

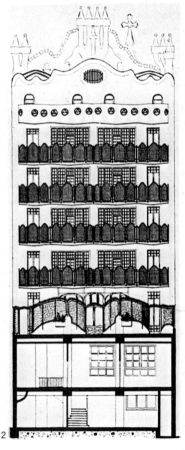

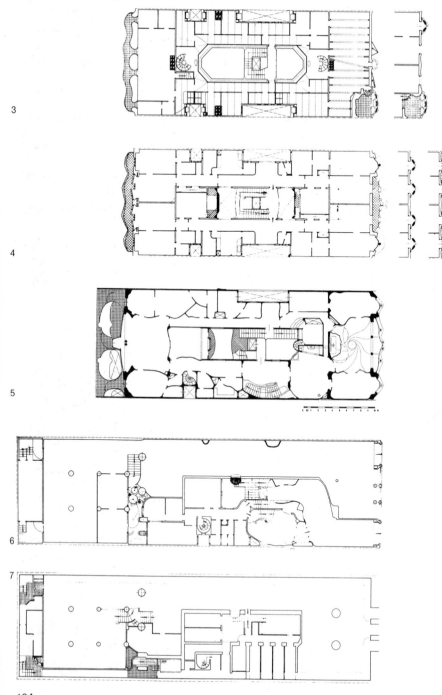

3

4

5

6

7

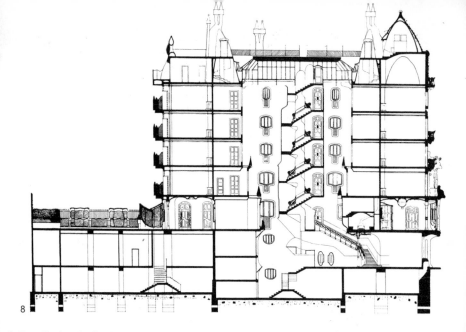

8

8 Sección longitudinal (según Ll. Bonet)

8 Longitudinal section, drawn by Ll. Bonet

3/ 7 Plantas: sótano, baja, principal, tipo y azotea
    (según Ll. Bonet)

3/7 Plans: basement, ground floor, main floor
    typical floor plan and attic, drawn by Ll.
    Bonet

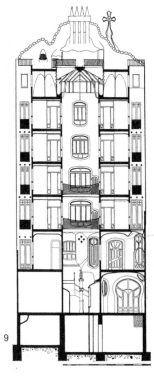

9 Sección transversal (según Ll. Bonet)

9 Transverse section, drawn by Ll. Bonet

9

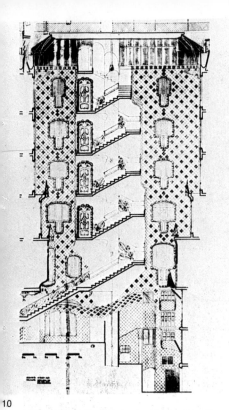 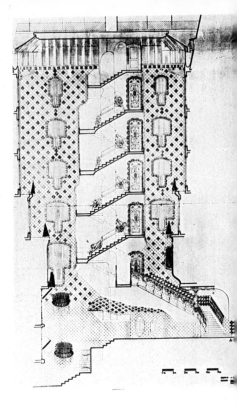

10

10 Alzado patio interior (según Ll. Bonet)

10 Interior elevation of the stairwell, drawn by Ll. Bonet

11 Alzado patio interior (según Ll. Bonet)

11 Interior elevation of the stairwell, drawn by Ll. Bonet

12 Vista de la fachada principal

12 View of the main façade

13

13/ 15 Detalle de la fachada principal y de la
tribuna del piso principal
16 Vista de la fachada posterior

13/15 Details of the main facade and the
gallery on the main floor
16 View of the rear façade

15

17

17 Vista de las chimeneas de la cubierta
18 Detalle del remate de la fachada principal
19 Detalle del grupo de chimeneas de la cubierta

17 View of the chimneys and the roof
18 Detail of the crown of the main façade
19 Detail of a group of chimneys

18

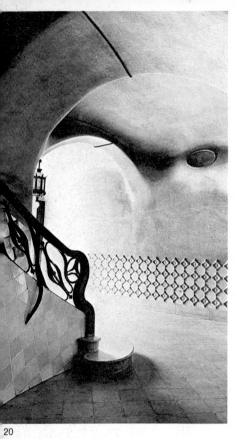

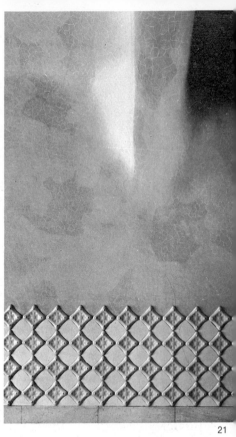

20 Vista interior del vestíbulo

20 Interior view of the hallway

21 Detalle del antepecho del vestíbulo.

21 Detail of the dado in the hallway.

22/ 23 Vistas del patio interior

22/23 Interior views of the stairwell

22

23

24

25

24 Detalle de la puerta del ascensor
25 Detalle del lucernario de la cubierta
26 Detalle de un rellano
27 Detalle de la escalera

24 Detail of the lift door
25 Detail of the skylight in the roof
26 Detail of a landing
27 Detail of the staircase

26

28

28/31 Vistas de la época del piso principal · 28/31 Period photographs of the main floor

29

32

32/34 Detalles del piso principal   32/34 Details of the main floor

33

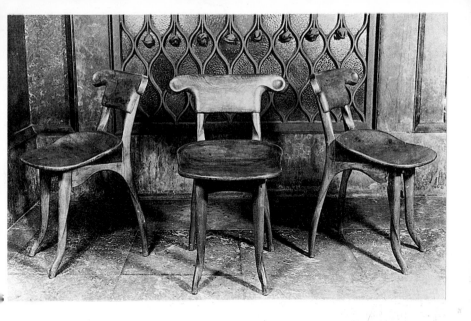

35/ 36 Vistas de la sillería de la Casa Batlló   35/36 Views of the seating in the Casa Batlló

1906-1910   Casa Milà i Camps, «La Pedrera».
Passeig de Gràcia, 92, Barcelona. Arquitecto colaborador: Josep Maria Jujol y otros

Conformando el chaflán de una manzana del Ensanche Cerdà delimitada por el Passeig de Gràcia y el carrer Provença, Gaudí realiza su tercera y última casa de viviendas de alquiler. Sus dos accesos independientes, uno por el chaflán y el otro por la calle Provença, confieren a este edificio unas características singulares en cuanto a su organización y concepción se refiere. Gaudí rehúye el patio interior de las casas del ensanche y, al igual que en la Casa Batlló, quiere darle un protagonismo de segunda fachada. Así veremos cómo el primero, como espacio circular cilíndrico, y el segundo, también circular, pero con dos tramos rectos paralelos a la fachada, se definen como elementos autónomos y, en cierto modo, urbanos.

El oleaje sinusoidal que confiere un movimiento excepcional en la fachada, absolutamente continua, eludiendo las esquinas, y con una componente horizontal muy acusada, se contradice a los dos patios interiores, en donde vemos una voluntad estructural distinta con una acentuada verticalidad modulada. Las escaleras que acceden a los pisos principales, están tratadas como elementos exterior, cubiertas con una estructura semitransparente que sigue y articula el movimiento de la misma.

Gaudí diseñó todos los elementos que acaban este edificio. Así las puertas de acceso a cada una de las viviendas, incluidas las interiores, los camarinos de los ascensores, los techos en los que, en según qué dependencias, se ilustraban con movimientos ornamentales y cortos poemas escritos, los pavimentos, tanto hidráulicos como de madera, son temas todos ellos habituales en su modo de acabar la arquitectura. La fachada principal, toda ella modelada en piedra como si de un metal repujado se tratara, se ha convertido, a lo largo de las décadas sucesivas, en el elemento emblemático del edificio.

Acompañada de unas barandillas en hierro forjado, debidas a Jujol, y ennegrecidas por el paso de los años, vemos además cómo los huecos no se recortan ni se definen como un elemento singular, sino que quedan en un segundo término, hecho bastante paradójico en una fachada. Será, sin duda, un aviso para la

1906-1910 Milà i Camps house, "La Pedrera".
Passeig de Gràcia, 92, Barcelona. Collaborating architects: Josep Maria Jujol and others

The third and last apartment building designed by Gaudí occupies, and forms, the chamfered corner of the Passeig de Gràcia and carrer Provença. Its two entrances, one on the chamfered corner and one on Provença, are independent of each other, and give the building certain quite unique characteristics as far as its conception and organisation are concerned. Gaudí was determined to avoid the standard interior ventilation and stairwell of the "Ensanche", and tried again here, as in the Casa Batlló, to endow this space with the qualities of a second façade. We shall see how both of these spaces here –the first cylindrical and circular; the second a flatter circle, its two straight sides parallel to the façade– are defined as fully autonomous, and to a certain extent urban, elements.

The sinusoidal wave which imparts such a remarkable movement to the façade –absolutely continuous, avoiding the corners, with a pronounced horizontal character, is in outright contrast to the two courtyards within, where we find a different approach to structure, with a marked vertical quality in the succession of modules. The stairways leading up to the main floors have been treated as if they were outdoor elements, covered over with a semi-transparent structure which follows and articulates their movement.

Gaudí himself designed all of the finish and detailing on this building. Thus the doors of all the apartments, even the internal doors, the interior of the lift, the ceilings –illustrated, according to the function of the room, with ornamental motifs and lines of poetry– and the floors, whether of wood or cement, here as elsewhere, were subject to his attention in his characteristics concern with the finish of his architecture. The main façade, modeled entirely of stone yet treated as if it were hammered metal, has, over the years, com to be regarded as the one aspect of the building which is emblematic of the whole.

Complemented as they are by their wrought

que más tarde se llamará arquitectura orgánica. Independientemente de esta apreciación y como remate o azotea del edificio, encontramos toda la serie de chimeneas y respiraderos que, a modo de peonzas inamovibles, protagonizan un juego espectacular. En este último piso, las pequeñas escalinatas que van salvando los distintos niveles, debido a los arcos parabólicos de fábrica de ladrillo de la planta desván, se configuran como perfectos acompañantes a este paseo en el que sólo es posible contemplar estas esculturas de distintas facciones.

Es de lamentar, por último, el estado en que se hallan las pinturas de los dos grandes vestíbulos, así como las de los dos grandes patios. Existe un cierto contrasentido en cuanto al hecho de haber olvidado estos fragmentos pictóricos de Gaudí, menospreciando las artes menores que tan felizmente han ido acompañando todos los edificios gaudinianos.

iron railings, Jujol's work, now blackened with the passage of time, we can see that the window openings are not emphatic, do not define themselves as being notable elements, but remain, rather, in a secondary role: a fairly paradoxical circumstance in a façade. This can be taken, unquestionably, as a hint in the direction of what later came to be known as organic architecture. Quite independently of this, by way of a crown or parapet, we find that whole series of chimneys and air vents, playing out their spectacular game like motionless spinning tops. On this top floor, the little steps up or down which serve to accomodate the differences in level created by the parabolic arcs in the brickwork of the attic provide the perfect companion to this promenade which it is impossible not to spend contemplating these differently featured sculptures. Finally, the poor state of conservation of the painting in the two great entrance halls, as well as in the two large courtyards, is profoundly to be regretted.

There is something of a contradiction in the fact that these fragments of Gaudí's pictorial work have suffered such neglect, something inconsistent in this disregard for the lesser decorative arts which provide such a happy accompaniment to all of Gaudí's buildings.

1 Boceto del desarrollo de la fachada principal

1 Sketch showing the development of the main façade

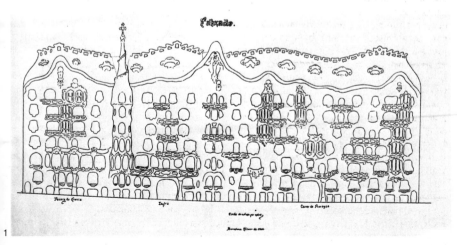

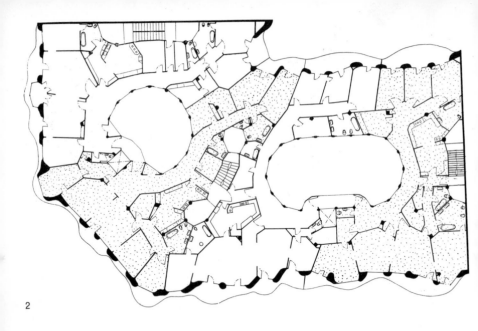

2

2 Planta tipo, según César Martinell
3 Sección transversal por el patio circular
4 Sección transversal por el patio de la calle
  Provença, según Gaudí - Groep, Delft

2 Typical floor plan, drawn by César
  Martinell
3 Transverse section through the circular
  courtyard
4 Transverse section through the carrer
  Provença courtyard, by the Gaudí-Groep,
  Delft

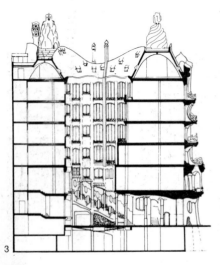

3

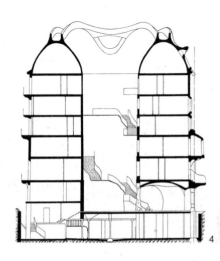

4

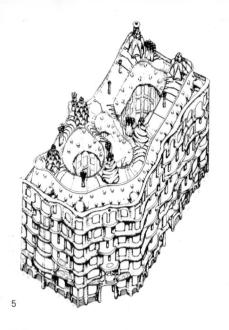

5

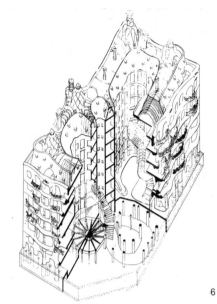

6

5 Axonometría, según H. Tanaka y S. Tarragó
6 Axonometría seccionada, según H. Tanaka y S. Tarragó
7 Vista general en 1910

5 Axonometric drawing by H. Tanaka and S. Tarragó
6 Sectioned axonometric drawing by H. Tanaka and S. Tarragó
7 General view photographed in 1910

7

8 Vista general en 1917
9 Maqueta de la fachada, según J. Beltrán
  bajo la dirección de A. Gaudí
10 Fragmento de la fachada principal

8 General view photographed in 1917
9 Model of the façade, made by J. Beltrán
  under Gaudí's direction
10 Partial view of the main façade

11

12

13

11/ 13 Fragmentos y detalles de la
fachada principal

11/13 Partial views and details of
the main façade

15

14 Límite de la fachada principal en
   el Passeig de Gràcia
15 Detalle de la fachada principal
16 Detalle del piso principal

14 The edge of the main façade on the
   Passeig de Gràcia
15 Detail of the main façade
16 Detail of the main floor

17

18

19

17 Detalle de balcón
18 Vista del remate del edificio
19 Detalle de la planta azotea. 1927
20/ 21 Detalles de chimeneas y cajas de escalera

17 Detail of a balcony
18 View of the parapet of the building
19 Detail of the attic, photographed in 1927
20/21 Details of the chimneys and stairheads

Páginas siguientes:
22 Detalle del "trencadís"
23 Vista superpuesta de tres elementos de la planta azotea

Following pages:
22 Detail of the "trencadís"
23 Three elements on the roof terrace seen one behind another

6-GÜELL, Gaudi

24

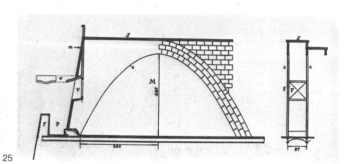

25

24 Vista en escorzo
   del remate de la
   fachada posterior
25 Sección de arco
   parabólico de la
   planta desván

24 Foreshortened
   view of the parapet
   above the rear
   façade
25 Section through
   one of the parabolic
   arcs of the attic

26 Vista de la planta desván antes de la intervención de los años 1950
27 Planta tipo de la estructura del techo

26 View of the attic before the alterations of
   the 1950
27 Plan of the roof structure

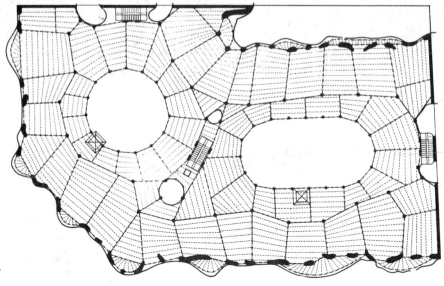

28

28 Vista del vestíbulo del patio circular en 1914
29 Interior del acceso por el chaflán

28 Photograph of the entrance hall of the circular courtyard taken in 1914
29 Interior view of the entrance from the chamfered corner

29

30

30 Vista del patio circular
31 Vista del patio correspondiente al acceso del carrer Provença

30 Looking up from the circular courtyard
31 Looking up from the courtyard off the carrer Provença entrance

31

1898-1908-1915 Cripta de la Colonia Güell.
Santa Coloma de Cervelló, Barcelona

Gaudí recibe el encargo de Eusebi Güell en 1898 de construir una iglesia en la colonia textil obrera de su propiedad. Durante los diez años siguientes al encargo, Gaudí realiza un sin fin de estudios y maquetas acerca de cómo puede solucionar la estructura de esta iglesia.
Gaudí quiere llegar a una síntesis de todas las fuerzas que concurren y trabajan en un edificio. Analiza de un modo muy cuidadoso el comportamiento estructural de las iglesias góticas. No obstante, él quiere dar un paso adelante reduciendo columnas y contrafuertes, encontrando un único elemento estructural que le absorba todas las fuerzas que concurren en éste. Así, reduce todas las componentes en una única resultante que, aunque inclinada, le permitirá dar una nueva solución a este edificio.
Unicamente se conocen un par de bocetos de la visión de conjunto de la iglesia, de la que tan sólo se construirá la cripta.
En este edificio, la voluntad expresionista llega a su máximo esplendor. Si se observa el espacio interior, veremos cómo éste puede desglosarse en dos zonas. Una primera central, que recoge la posición del altar y una segunda que, a modo de deambulatorio, recorre todo el perímetro en forma de U.
La visión de la primera zona será más didáctica observando la estructura del techo, soportada por cuatro columnas inclinadas y un muro a modo de ábside con sus absidiolos que localizan y recogen este primer recinto.
En el segundo, que abraza el primero, vemos cómo se desarrolla una doble circulación entorno a la crujía central, quedando indicado en la estructura del techo el lugar en donde se produce un giro de 180°. Esta visión no responde en absoluto a un modo de utilizar la cripta, ya que todo el interior funciona como espacio único.
Estos dos espacios descritos ocupan aproximadamente la mitad de la planta.
En este edificio es importante destacar la diferencia que existe entre el interior y el exterior. Así como el interior tiene que localizar la atención del visitante en un punto, el altar, la lectura del exterior se hace bastante difícil, dado que el bosque del entorno intenta disfrazar y esconder lo que hubiera sido la base, el zócalo del con-

1898-1908-1915 Crypt for the Colonia Güell.
Santa Coloma de Cervelló, Barcelona.

In 1898 Gaudí was commissioned by Eusebi Güell to build a church in the textile workers colony on his property. Over the following ten years, Gaudí worked on a seemingly endless series of studies and models in his pursuit of the right structure for the church.
What Gaudí was seeking was a synthesis of all the forces which come into play in a building. He carried out an extremely thorough analysis of the structural behaviour of Gothic churches. However, his intention was to take a step further, reducing the columns and buttresses, and discovering a single structural element capable of absorbing all of the forces to which it was subjected. The outcome was his reduction of all the component parts to a single inclined element which would allow him to arrive at a new approach to this building.
There are only a few drawings in existence showing his vision of the chruch as a whole, of which only the crypt was actually constructed.
Gaudí's expressionism reaches its greatest splendour in this building. Looking at the interior space, we see that this subdivides into two zones. A first, central zone, taking in the area around the altar, and a second, U-shaped zone, following the perimeter of the crypt in the form of an ambulatory.
The first of these zones is more didactic, given the structure of the roof, supported on its four inclined columns and the wall of the apse, with its secondary apses, which serve to locate and bring together this frist area.
In the second zone, which takes in the frist, we see how a double circulation scheme develops on the basis of the central aisle, with the point where this turns through 180° being reflected in the structure of the roof. This analysis, incidentally, bears no relation to the way in which the crypt is used, since the entire interior functions as a single space. These two zones at take up about half of the floor plan.
The difference between interior and exterior is supremely important in this building. While the interior must focus the visitor's attention on one point, the altar, the reading of the exterior is rahter difficult, since the surrounding woods effectively conceal what would be taken as

1 Boceto preliminar del exterior

1 Preliminary sketch of the exterior

junto. Es admirable el tratamiento que tienen los sucesivos pórticos del porche que, de alguna manera, quieren ser una continuación de esta disposición un tanto aleatoria que ofrecen los árboles.

El techo del mismo está tratado con una suavidad y un cromatismo, como si de una arbolada se tratara. Las once columnas inclinadas que forman este porche, tienen texturas distintas y están tratadas de forma dispar, como si quisieran enriquecer con nuevas especies el bosque de pinares que la circundan, actuando de preámbulo perfecto del espacio interior. Los distintos recintos triangulares que encontramos en el techo de este pórtico, con un tratamiento tamizado por la mezcla de elementos cerámicos vidriados con otros de factura mate, enrasados todos ellos con el material aglomerante, dialogan con los contrafuertes de la piel exterior de la cripta.

La textura pétrea del perímetro exterior, que casi hubiera querido estar escondida tras una densa yedra, se ve coronada por estos huecos que recuerdan diversas formas del cuerpo humano. En ellos se inscriben las vidrieras que, con sus diversas formas geométricas, casi siempre incluyendo una cruz en movimiento, hacen que el interior adquiera una gran diversidad de color según la incidencia de la luz solar. El aire de misterio que podría tener como volumen vacío se transforma con el vestido del mobiliario, principalmente con el banco de pequeñas dimensiones, el cual articula el espacio interior.

En los jardines contiguos reposan, a modo de tumbas, las columnas de piedra que tenían su emplazamiento en la planta superior.

Gaudí en esta Cripta de la Colonia Güell, resume todo su esfuerzo por encontrar su propio diálogo entre él y su obra, lejos de vinculaciones que puedan entorpecer este nuevo trabajo. Deja de lado posibles dependencias con los cánones, busca una arquitectura absolutamente expresiva e indudablemente acierta en su resultado formal, aunque sea la obra en la que más arriesga y en la que consigue un total y absoluto reconocimiento. Una obra más inacabada que, de encontrarse en una gran metrópoli, hubiera corrido otro tipo de suerte.

the base, the plinth on which the whole rests. The treatment of the successive porticoes of the porch continuing the more or less random disposition of the trees with great skill.

The smoothness and use of colour on the roof of this porch evoke the interior or an arbour. Its eleven inclined columns exhibit a variety of texture and treatment which suggests a desire to add new species of trees to the surrounding pinewoods, and create a perfect prelude to the interior space. The various triangular areas to be found in the roof of this porch, their treatment diffused through the contrasting use of glazed and unglazed ceramic pieces, laid flush with the aggregate, create a dialogue with the buttresses of the crypt's exterior.

The rough stony texture of the outer perimeter, which seems to be trying to hide itself behind a thick screen of ivy, is crowned by a series of openings which recall various aspects of the human form. These are filled by stained glass windows presenting a variety of geometric shapes, almost all with a cross in movement, and give the interior a tremendous diversity of colour, changing throughout the day. The air of mystery which it would have had as an empty space is transformed by its furnishings, in particular the small pew, which articulate the interior space.

The adjoining gardens contain the forms of the stone columns, lying at rest in attitudes suggestive of tombs, which were to have been installed on the upper floor.

In this Crypt for the Colonia Güell, Gaudí has directed all his efforts to the discovery of a dialogue between himself and the project which is entirely his own, rejecting any king of bond or connection which might have hindered this new piece of work. He turns aside from all froms of reliance on established canons in this search for an absolutely expressive architecture, and, indisputabley, achieves this goal in the formal sense even while it is this project in which he gambles most, as well as being the one in which he finds a total, absolute recognition. Once again, this is an unfinished project, which would surely have met with a different fate if it had been situated in a big city.

2 Boceto del interior

2 Sketch of the interior

3 Planta general de la Colonia Güell

3 General plan of the Colonia Güell

2

3

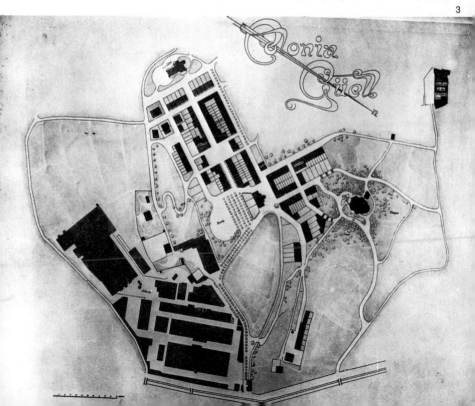

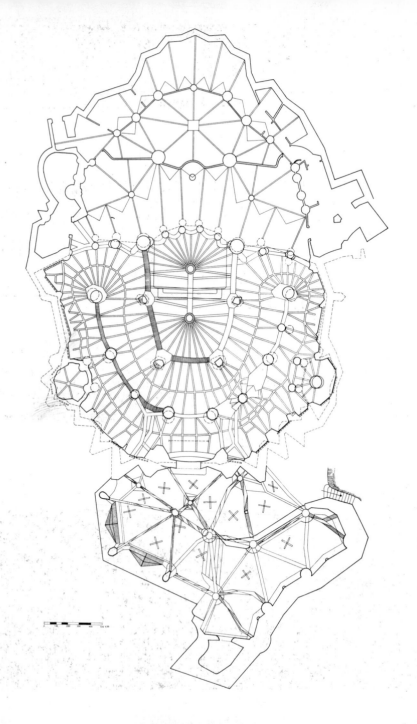

4

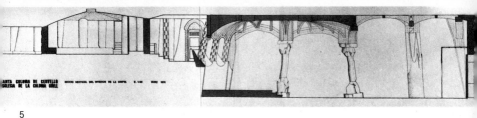

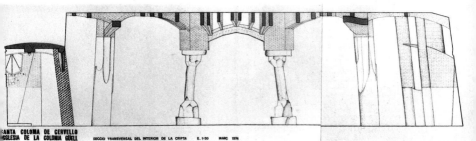

4 Planta de la estructura del techo (según Ll. Bonet)
5 Sección longitudinal (Arxiu Històric, COAC)
6 Sección transversal (Arxiu Històric, COAC)
7 Vista de la cripta en construcción

4 Plan of the roof structure, drawn by Ll. Bonet
5 Longitudinal section (courtesy of the Historical Archive of the COAC)
6 Transverse section (courtesy of the Historical Archive of the COAC)
7 View of the Crypt during construction

8

8 Vista frontal del pórtico de acceso
9 Vista lateral del pórtico de acceso

8 Frontal view of the entrance portico
9 Side view of the entrance portico

9

10

10/ 11 Fragmentos del pórtico de acceso

Páginas siguientes:
12 Vista general del interior desde el acceso

10/11 Partial views of the interior from the entrance portico

Following pages:
12 General view of the interior from the entrance

11

13/ 15 Detalles del pórtico de acceso
16 Vista lateral del pórtico con el bosque al fondo

13/15 Details of the entrance portico
16 Side view of the portico with the woods in the background

17

17 Vista de la fachada lateral con las ventanas
18 Detalle de las ventanas
19 Planta, alzado y sección de dos ventanas
20 Fragmento del interior

17 View of the side façade and its windows
18 Detail of the windows
19 Plan, elevation and section of the windows
20 Partial view of the interior

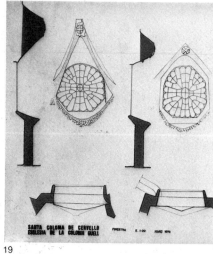

18   19

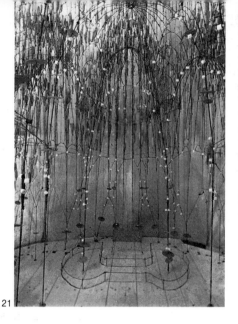
21

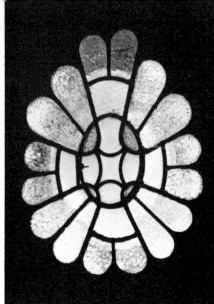

21 Vista de la maqueta-estudio de fuerzas
22 Vista de una ventana desde el interior
23 Vista de la pila de agua bendita
24 Vista interior de la cripta en construcción

21 View of the model used for the structural study
22 View of one of the windows from the interior
23 View of the holy-water stoup
24 Interior view of the Crypt during construction

23

5

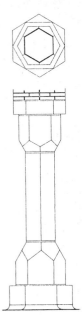

26

25 Vista del banco	25 View of one of the benches
26 Alzados y planta de columna (según J. Molema)	26 Elevations and plan of one of the columns, drawn by J. Molema
27 Columnas tendidas en el lecho del bosque	27 Columns lying on the floor of the woods.

7

1909-1910 Escuelas de la Sagrada Familia.
Barcelona

1909-1910 Sagrada Familia scholrrooms.
Barcelona

Este pequeño edificio, de carácter provisional, ubicado en la misma manzana del Templo, responde a unos criterios de economía y rapidez de ejecución. Con una superficie de doscientos metros cuadrados, 10 x 20 m y la posibilidad de subdividirlo en varias aulas, Gaudí utiliza una vez más la sinusoide, pero esta vez como envolvente global, es decir, en su condición de pared y cubierta.

La estructura, de gran sencillez, se resuelve con unos pilares que sostienen un perfil longitudinal central que soporta el entramado de la cubierta, que al irse apoyando en el muro inclinado ascendente-descendente, provoca el plano ondulado de la misma.

Todo en él está resuelto con la misma pieza manual de fábrica de ladrillo macizo. Los huecos de las ventanas, así como de las puertas, necesitan de unas mochetas laterales, dado que el grueso del cerramiento es mínimo.

La fragilidad, la libertad de compartir el espacio interior adecuándolo a las necesidades del momento, la lección de saber dar forma y volumetría a un edificio tan discreto en sus magnitudes totales, hacen que sea un ejemplo a tener en cuenta.

This small, temporary building, located on the same city block as the Temple, had to meet strict criteria as regards cost and speed of construction. With a surface area of two hundred square metres, 10 x 20 m, and the probable necessity of subdividing the space into several classrooms, Gaudí returns once again to the sinusoidal curve, but this time as the enveloping skin, in the form of walls and roof.

The extremely simple structure is determined by the pillars which establish a central longitudinal profile which supports the timber framework of the roof, and as this rests on the sloping wall, which moves in and out, it in turn contributes to the undulating plan.

All of the building here is carried out in the same solid brickwork, although the thinness of this brick made it necessary to provide lateral buttresses for the window openings and the doors.

Its fragility, the freedom it allows in the sharing out of the interior space as the occasion demands, the exemplary approach to form and volumetry, so right for a building so discrete in its overall size, all combine to make this a scheme well worth studying.

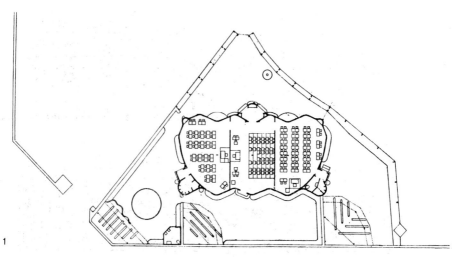

1

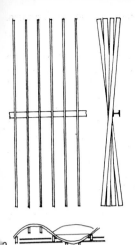

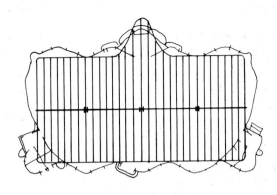

1 Planta general
2 Planta y detalle de la estructura
del techo
3 Sección transversal
4/5 Alzado principal y posterior

1 General plan
2 Plan and details of the roof
structure
3 Transverse section
4/5 Rear and main elevations

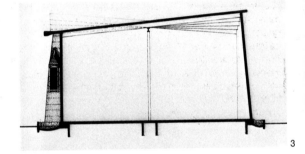

3

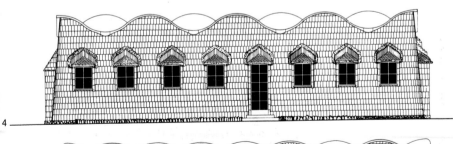

4

5

183

6 Fragmento de la
 fachada
7/8 Vistas interiores
 de las aulas en
 1913

6 Partial view of the
 facade
7/8 Interior views of
 the classrooms in
 1913

6

7   8

9 Vista general con el Templo al fondo en 1913
10 Vista del acceso

9 General view with the Temple in the background, taken in 1913
10 View of the entrance

3

1883-1926 Templo Expiatorio
de la Sagrada Familia

1883-1926 Expiatory Temple of the
Sagrada Familia

1883-1926   Templo Expiatorio de la Sagrada Familia. Manzana del ensanche Cerdà, delimitada por las calles Provença, Cerdenya, Mallorca y Marina. Barcelona.

1883-1926   Expiatory Temple of the Sagrada Familia. The city block of the Cerdà "Ensanche" delimited by Provença, Cerdenya, Mallorca and Marina streets. Barcelona

En la introducción de este libro hemos calificado a esta obra como el eterno presente de toda la labor profesional gaudiniana.

El 3 de octubre de 1883, Gaudí cuenta 31 años de edad y acepta el encargo de proseguir la labor iniciada por Villar, que le es encomendada por mediación del arquitecto Joan Martorell. Serán cuarenta y tres años los que Gaudí dedicará a este templo. No obstante, los quince últimos serán totalmente distintos. Gaudí, alrededor de 1910, deja Barcelona para reposar una larga temporada en Puigcerdà junto a su médico. A partir de este momento no aceptará nuevos encargos y, de regreso, traslada su residencia al estudio-taller del templo. En él dedicará todo su trabajo a la preparación de bocetos y modelos en yeso y utilizará parte de su tiempo libre en conseguir ayudas para poder proseguir las obras.

Hasta 1900 Gaudí no consigue ver levantada parte de la fachada interior del Portal del Nacimiento, en donde se aprecian muchos temas alegóricos o procedentes del gótico, así como parte del ábside. En 1917 se concluye el diseño de esta fachada. Hasta 1926 realiza los diseños de la Capilla de la Asunción de la Virgen para el claustro, las sacristías, nuevos ventanales y la estructura de las bóvedas así como el estudio de las columnas en las que Gaudí realiza una labor de investigación asombrosa cambiando el relieve de las mismas al geometrizar con piezas distintas pero del mismo diámetro la gran altura de las mismas.

Las maquetas que con posterioridad a su muerte han sido realizadas, reflejan de alguna manera, la complejidad de esta obra, llena de significados y con la voluntad de ser muy precisa.

En estos momentos, es preciso decirlo, se están utilizando multitud de recursos para continuar la construcción de este templo que, a nuestro entender, no obedece a ninguna razón obvia.

A lo largo de este trabajo queda bien patente la constante dedicación y atención con que Gaudí seguía sus obras. Cuando no le era posible hacerlo, delegaba funciones en personas de su

In the Introduction to this book we described this project as the eternal present of Gaudi's entire professional output.

On the 3rd of October 1883, at the age of 31, Gaudí accepted the commission to carry on the work begun by Villar, for which he was recommended by the architect Joan Martorell. He was to devote his remaining forty-three years to this temple. The last fifteen of these, however, were quite different. Around about 1910, Gaudí left Barcelona to spend a considerable period in Puigcerdà, resting, under the supervision of his doctor. From this point on he accepted no new commissions, and, on his return, he moved in to the studio-workshop on the Temple site, where he dedicated all his working hours to the preparation of sketches and plaster models, as vell as devoting some of his free time to seeking out donations to fund the continuation of the work.

Gaudí was not to see any of the interior façade of the Nativity Portal, in which there is an abundance of allegorical themes and motifs with a Gothic inspiration, erected until 1900, at the same time as part of the apse. The design work for its façade was completed in 1917. From then until 1926 Gaudí worked on the designing of the Chapel of the Annunciation for the cloister, the sacristies, new windows, and the structure of the vaulting, as well as studies for the columns, an impressive piece of research in which Gaudí changed the outline of these very tall columns, using different geometrical elements of the same diameters as the originals.

The models which have been built since Gaudí's death reflect, to some extent, the complexity of this project, so charged with significance, and determined to be so precise.

At present, it must be said, a host of ways and means are being employed to carry on with the construction of the Temple, which, in the present author's view, do not answer to any evident reason. Throughout the course of this project, the dedication and attention with

confianza o renunciaba a proseguirlas. Existen, por otro lado, obras inacabadas de Gaudí. ¿Por qué el empeño en continuar la construcción de este templo? Indudablemente, sólo el paso del tiempo podrá juzgar acertadamente esta fatalidad histórica.

Temple? It must, undoubtedly, be left to the passage of time to pass a balanced judegement on this historical twist of fate.

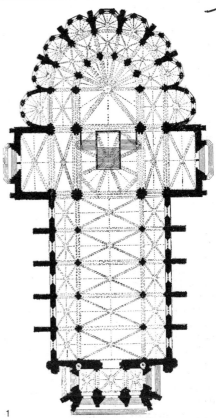

which Gaudí pursued his work are patently obvious. When it proved to be impossible for him to do this, he either delegated certain tasks to people whom he trusted or declined to continue with the project. There are, for this very reason, several uncompleted schemes by Gaudí. Why, then, such an insistence on carrying on with the construction fo this

1 Planta del Templo según el proyecto de F. P. Villar
2 Vista del Templo en construcción, cuando Gaudí se hace cargo de su continuación

1 The plan of the Temple in the original scheme by F.P. Villar
2 View of the Temple under construction after Gaudí had taken charge of its continuation

1

3 Boceto del proyecto realizado por Joan Rubió i Bellver en 1915

3 Sketch of the project, drawn by Joan Rubió i Bellver in 1915

3

4

4 Perspectiva general realizada por Francisco Valls
5 Planta general

4 General perspective, drawn by Francisco Valls
5 General floor plan

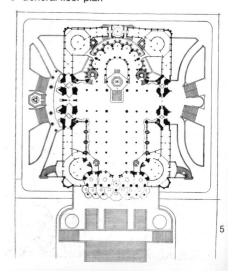

5

6 Emplazamiento y estudio de óptima visibilidad, ocupando la mínima superficie
7 Estudio dimensional comparado con la basílica de S. Pedro de Roma.
8 Sección transversal

6 Site plan and study of optimun visibility for minimun suface area
7 Comparative study of the dimensions of the Temple compared with the Basilica of San Pietro in Rome
8 Transverse section

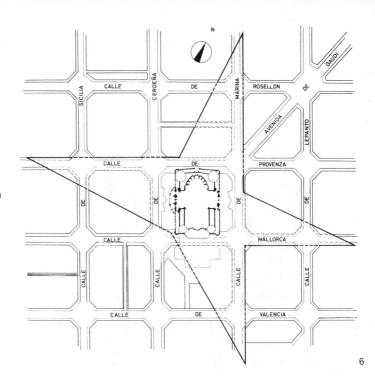

6

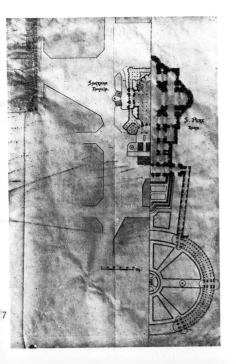

7

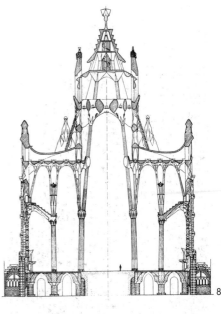

8

9

9 Vista de la maqueta de la fachada del Naci-
    miento
10/ 11 Vista desde el interior y el exterior de la
    fachada del Nacimiento en 1916

9 View of the model of the Nativity façade
10/11 Views from the interior and exterior of
    the Nativity façade in 1916

10

2

12 Vista general del Templo en 1933
13 Vista de las escuelas y el Templo en 1908

12 General view of the Temple in 1933
13 View of the school-rooms and the Temple in 1908

3

14

15

14 Vista lateral de la fachada del Nacimiento
15 Fragmento de la fachada del Nacimiento
16 Vista general de la fachada del Nacimiento

14 Side view of the Nativity façade
15 Partial view of the Nativity façade
16 General view of the Nativity façade

Páginas siguientes:
17/18 Fragmentos del interior de la fachada
del Nacimiento

Following pages:
17/18 Partial views of the interior of the
Nativity façade

ASCENSOR

17

19

19/20 Detalles del interior de la fachada del Nacimiento

19/20 Details of the interior of the Nativity façade

20

21 Fragmento del ábside
22/ 23 Detalles del interior de la fachada del
     Nacimiento

21 Partial view of the apse
22/23 Details of the interior of the Nativity
      façade

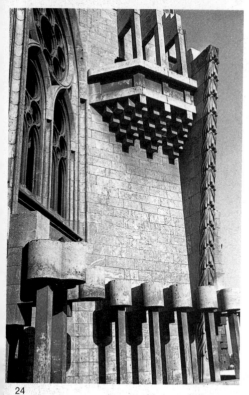

24/25 Detalles del interior de la fachada del Nacimiento

24/25 Details of the interior of the Nativity façade

26/27 Detalles del interior de la fachada del Nacimiento

26/27 Details of the interior of the Nativity façade

26

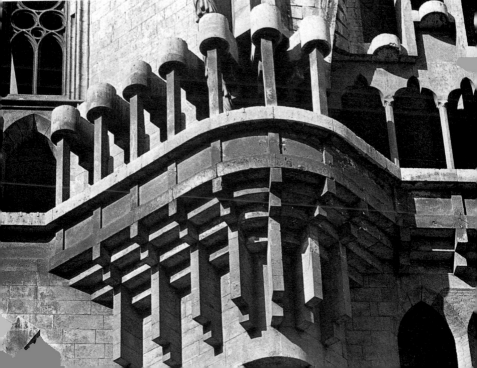

28

29

28 Vista de uno de los pasos de la fachada del Nacimiento
29 Vista de la escalera interior de las torres
30 Detalle del puente que une las cuatro torres

28 View of one of the passageways of the Nativity façade
29 View of the internal staircase inside one of the spires
30 Detail of the bridge which links the four spires

30

31

31 Detalle de un motivo escultórico
32 Fragmento del ábside

31 Detail of a sculptural motif
32 Partial view of the apse

32

33

33 Detalle del despiece de una torre
34 Vista de una torre desde el puente de unión
35 Vista de un confesionario debido a Gaudí
36 Vista general de una torre

33 Compositional detail of one of the spires
34 View of one of the spires from the bridge
35 View of a confessional designed by Gaudí
36 General view of one of the spires

En página 206:
37 Vista de la fachada de la Pasión. Maqueta

On page 206:
37 View of the façade of the Passion. Model

34

35

3

Biografia

1852 Nace en Reus, Tarragona, el 25 de junio. Hijo de Francesc Gaudí i Serra y de Antònia Cornet i Bertran.

1863 a 1868 Alumno del Colegio de los Padres Escolapios de Reus.

1873 a 1878 Estudios en la Escuela Provincial de Arquitectura de Barcelona.

1875 a 1877 Trabaja en el estudio del arquitecto Francesc de Paula del Villar i Lozano.

1876 Trabaja junto a Josep Serramalera en diversos proyectos y como dibujante en la empresa de maquinaria industrial Padrós i Borrás.

1877 a 1882 Colabora con el maestro de obras Josep Fontseré.

1878 Obtiene el título de arquitecto (15 de marzo). Apuntes descriptivos del proyecto de ordenación para plazas y paseos de la ciudad de Barcelona (junio). Manuscrito sobre Ornamentación (10 de agosto). Conoce a Don Eusebi Güell, mecenas y protector de Gaudí
Gana un concurso municipal con el anteproyecto de unas farolas que iluminan actualmente la Plaza Reral de Barcelona.
Durante los próximos diez años, Gaudí participa en los viajes de la Asociación de Arquitectos de Cataluña y de la «Associació Catalanista d'Excursions Científiques», este último de carácter nacionalista, interesados por las antigüedades y la arquitectura de Cataluña. En 1883 conocerá el trabajo que Viollet-le-Duc realiza en el recinto amurallado de Carcassone en 1849.

1881 Participa en el concurso para la construcción de un club marítimo en San Sebastián, sin obtener premio alguno.
Artículo publicado en *La Renaixença* el 2 y 4 de febrero, titulado «Exposición de las Artes Decorativas» en el Institut del Foment del Treball de Barcelona.
Publicación del plano de situación general de la Cooperativa Obrera Mataronense, en el que incorpora sus primeras ideas.

1882 Ayuda a Joan Martorell en la polémica del proyecto de la fachada de la Catedral

Gaudí trabajando en el estudio del Templo de la Sagrada Familia. Dibujo de R. Opisso

Gaudí at work in his studio in the Temple of the Sagrada Familia. Sketch by R. Opisso

de Barcelona. Don Eusebi Güell adquiere un dibujo en alzado sobre el proyecto de Martorell rotulado por Lluís Domènech i Montaner y dibujado por Gaudí, reproducido en *La Renaixença* en febrero de 1887. En la actualidad este dibujo se conserva en el «Arxiu Històric» del Col.legi d'Arquitectes de Catalunya.

1883 A propuesta de Joan Martorell,es nombrado para reemplazar a Francesc de Paula del Villar i Lozano como arquitecto para continuar el Templo Expiatorio de la Sagrada Familia de Barcelona.

1887 Viajes por Andalucía y Marruecos en compañía del segundo marqués de Comillas.

1904 Primer premio otorgado por el Ayuntamiento de Barcelona al mejor edificio de la ciudad a la Casa Calvet.

1906 Traslada su vivienda a la casa que Berenguer ha construido en el Park Güell. No obstante, los últimos años de su vida los pasará íntegramente en una habitación taller que tendrá en el Templo de la Sagrada Familia.

1908 Recibe el encargo de estudiar un posible hotel para la ciudad de Nueva York. De este estudio ha llegado hasta nosotros un boceto de Joan Matamala.

1910 Exposición de la obra de Gaudí en la «Societé Nationale de Beaux Arts» de París. Esta es la única exposición fuera de España sobre la obra de Gaudí, que se realiza en vida del arquitecto. A causa de una grave enfermedad Gaudí se ve obligado a abandonar la vida pública. Al año siguiente se traslada, junto con su médico Don Pedro Santaló, a Puigcerdà, Gerona.

1914 Muere Francesc Berenguer Mestres, arquitecto y amigo íntimo de Gaudí.
Gaudí, a partir de este momento, únicamente quiere continuar trabajando en la obra del Templo Expiatorio de la Sagrada Familia.

1918 Muere Don Eusebi Güell (8 de agosto).

1922 Por primera vez un organismo, el Congreso de Arquitectos de España, resuelve rendir homenaje a la obra de Gaudí.

1926 Gaudí es atropellado por un tranvía en el cruce de las calles Gran Via de les Corts Catalanes y Bailén de Barcelona (7 de junio). Tres días más tarde fallecerá en el Hospital de la Santa Cruz, siendo enterrado en la cripta del Templo Expiatorio de la Sagrada Familia.

J. Renart

Juny 1926.

Gaudí en son llit de mort.

Gaudí el día de su muerte. Dibujo de J. Renart

Gaudí on the day of his death. Sketch by J. Renart

Biography

1852 Born in Reus, Tarragona, on the 25th of June. Son of Francesc Gaudí i Serra and Antònia Cornet i Bertran.

1863 to 1868 Attended the Colegio de los Padres Escolapios in Reus.

1873 to 1878 Student at the Escuela Provincial de Arquitectura in Barcelona.

1875 to 1877 Works in the studio of the architect Francesc de Paula del Villar i Lozano.

1876 Works alongside Josep Serramalera on various projects and as a draughtsman for the industrial machinery manufacturers Padrós i Borrás.

1877 to 1882 Works in collaboration with the master builder Josep Fontseré.

1878 Is awarded the professional qualification as an architect (March 15th). Descriptive memorandum on the project for the layingout of squares and promenades in the city of Barcelona (June). Manuscript on Ornamentation (August 10th). Makes the acquaintance of Don Eusebi Güell, his future patron and sponsor.

Wins a municipal competition with the sketch design of the streetlamps which now stand in the Plaça Reial in Barcelona. Over the next ten years Gaudí takes part in the trips organised by the Association of Architects of Catalonia and the Associació Catalanista d'Excursions Cientifiques, the latter association being naitonalist in character, interested in Catalan antiquities and architecture. In 1883 he gets to know the work which Viollet-le-Duc carried out in the walled precint of Carcassone in 1849.

1881 Takes part in the competition for the construction of a sailing club in San Sebastián, without winning any of the prizes.

On the 2nd and 4th of February, La Renaixença publishes his article on the Exhibition of Decorative Arts in the Institut del Foment del Treball in Barcelona.

The general site plan of the Cooperativa Obrera Mataronense, which incorporates his first ideas, is published.

1882 Assits Joan Martorell in the controversial project for the façade of Barcelona Cathedral. Don Eusebi Güell purchases an elevation drawing of the Martorell project, lettered by Lluis Domènech i Montaner and drawn by Gaudí, subsequently reproduced in · La Renaixença in February 1887. This drawing is now preserved in the "Arxiu Històric" of the Col.legi d'Arquitectes de Catalunya.

1883 On the recommendation of Joan Martorell, Gaudí is appointed to take over from Francesc de Paula del Villar i Lozano as architect in charge of the Expiatory Temple of the Sagrada Familia in Barcelona.

1887 Travels in Andalucia and Morocco in company with the 2nd marqués of Comillas.

1904 The Casa Calvet receives the first of the prizes awarded by the City Council, the Ajuntament of Barcelona, for the best building in the city.

1906 Takes up residence in the house designed by Berenguer in the Park Güell, although the last years of his life are to be spent entirely in his studio-cum-living quarters beside the Temple of the Sagrada Familia.

1908 Gaudí is asked to carry out a study for a hotel in New York City, of which a sketch by Joan Matamala has survived to the present day.

1910 Exhibition devoted to Gaudí's work in

the Societé Nacional de Beaux Arts in Paris. This is to be the only exhibition of Gaudí's work held outside Spain during the architect's lifetme. As a result of his grave illness Gaudí is obliged to retire from public life. The following year, accompanied by his physician Don Pedro Santaló, he moves to Puigcerdà, Girona.

1914 Death of Francesc Berenguer Mestres, the architect and close friend of Gaudí's.

From this time on, Gaudí's only concern is with continuing his work on the Expiatory Temple of the Sagrada Familia.

1918 Death of Don Eusebi Güell, on the 8th of August.

1922 For the first time an official body, the Congreso de Arquitectos de España, elects to pay homage to Gaudí's work.

1926 Gaudí is knocked down by a tramcar on the corner of the Gran Via de les Corts Catalanes and carrer Bailén, in Barcelona, on the 7th of June. Three days later he dies, in the Hospital de la Santa Cruz, and is buried in the crypt of the Expiatory Temple of the Sagrada Familia.

Dibujo de J. Renart

Sketch by J. Renart

Cronología de proyectos y obras de Antoni Gaudí

1867 Realización de los primeros dibujos para la revista «El Arlequín» de Reus.

1867-1870 En colaboración con Josep Ribera y Eduard Toda, realiza un proyecto para la restauración del monasterio de Poblet (Tarragona). Es importante destacar *la Memoria de la Restauración del Monasterio de Poblet.*

1875-1876 Proyecto para el pabellón Español de la Exposición del Centenario de Filadelfia.

1876 Proyecto escolar: Patio de la Diputación Provincial. Proyecto para un concurso académico: Embarcadero.

1877 Proyecto para una fuente monumental para la Plaça de Catalunya de Barcelona. Proyecto para un Hospital general de Barcelona. Proyecto final de carrera: Paraninfo.

1877-1882 Colabora con Josep Fontserè, maestro de obras, en el conjunto del Parc de la Ciutadella. Las puertas de acceso y la cascada son elementos prácticamente diseñados por Gaudí.

1878 Proyecto de farolas de la Plaza Real (inaugurdas en septiembre de 1879). Anteproyecto de la Casa Vicens. Vitrina para la guantería de Esteban Comella para la Exposición Universal de París.

1878-1882 Proyecto de la Cooperativa Textil Obrera Matogonense de Mataró. Proyecto de kiosko para Don Enrique Girosi.

1879 Decoración de la farmacia Gibert en el Passeig de Gràcia nº 4, de Barcelona. (Demolida en 1895).

1880 Proyecto de iluminación eléctrica de la Muralla de Mar en colaboración con Josep Serramalera.

1882 Proyecto de pabellón de caza por encargo de Don Eusebi Güell en Garraf, Barcelona.

1883 Dibujo de altar para la capilla del Santo Sacramento de la iglesia parroquial de Alella, Barcelona.

1883-1888 Casa para el fabricante de azulejos Don Manuel Vicens en la calle Sant Gervasi, actualmente Les Carolines, n.° 24-26. En 1925-1926 el arquitecto Joan Baptista Serra Martínez amplía una crujía y los muros y límites de la propiedad son modificados. Gaudí tuvo noticia de esta reforma.

1883-1885 Casa para Don Máximo Diaz de Quijano, «El Capricho», en Comillas, Santander. La dirección de las obras es llevada a término por Cristóbal Cascante, arquitecto compañero de estudios de Gaudí.

1884-1887 Pabellones finca Güell: Edificio de la portería y para las caballerizas en la Avenida de Pedralbes de Barcelona. Actualmente sede de la Cátedra Gaudí (inaugurada en 1953), de la Escuela Técnica Superior de Arquitectura de Barcelona.

1884-1926 Templo Expiatorio de la Sagrada Familia.

1886-1889 Palau Güell, vivienda para don Eusebi Güell y familia en el Carrer Nou de la Rambla, nº 3 y 5. Desde 1954 es sede del Museo del Teatro de Barcelona.

1887 Dibujo del pabellón de la Compañía Transatlántica, en la Exposición Naval de Cádiz.

1887-1894 Palacio Episcopal de Astorga, León. Recibe el encargo de manos del obispo de Astorga, hijo de Reus, el Ilmo. Sr. Don Joan Baptista Grau i Vallespinós. En septiembre de 1893, debido a la muerte del obispo, Gaudí renuncia al cargo de ar-

quitecto-director. En enero de 1894 es propuesto Blanch y Pons, arquitecto diocesano de León. En 1899 trabaja en el Palacio Manuel Hernández y Alvarez Reyero. En 1914 finalizan las obras de la construcción exterior del palacio bajo la dirección de Ricardo Guereta, arquitecto. En 1936 pasa a ser cuartel, oficinas de Falange y alojamiento temporal de fuerzas de artillería. En 1960 el Dr. Castelltor, obispo, inicia las obras para instalar definitivamente la sede episcopal aunque su muerte repentina impide la terminación de las mismas. Será el Dr. González Martín, obispo, quien da un nuevo uso al edificio, destinándolo a Museo de los Caminos, uso que se mantiene actualmente.

1888-1890 Colegio de las Teresianas en la calle Ganduxer n.º 41 de Barcelona, por encargo de Don Enrique de Ossó, fundador de la Orden.

1891-1894 Casa Fernández Andrés, Casa de «Los Botines», en la Plaza de San Marcelo de León. Gaudí recibe el encargo de Don José y Aquilino Fernández Riu y de Mariano Andrés Luna, conocidos de Don Eusebi Güell.

1892-1893 Proyecto de edificio para las misiones Franciscanas Españolas en Tánger.

1898-1904 Casa Calvet, en la calle Caspe n.º 48 de Barcelona. Aunque el edificio lleva la fecha de 1899, los trabajos de decoración, incluidos el conocido mobiliario,

Sala de trabajo situada en el pabellón de oficinas del Templo de la Sagrada Familia en 1926

Working-room situated in the pavilion of offices of the Temple of the Sagrada Familia in 1926

realizado por Casas y Bardés, no se terminan hasta 1904.

1898-1915 Cripta de la Colonia Textil Güell, de Santa Coloma de Cervelló, Barcelona. Las obras empiezan en 1908, aunque no definitivamente hasta 1912. El acto de consagración es el día 3 de noviembre de 1915. Las obras son supervisadas por su amigo y ayudante Francesc Berenguer.

1900-1902 Casa de Don Jaume Figueras «Bellesguard» en la calle Bellesguard, 16-20 de Barcelona. En los trabajos de dirección colabora Joan Rubió i Bellver. Para salvar las ruinas del que fue palacio de Martí l'Humà, Gaudí construye un viaducto en 1908.

1900-1914 Park Güell, en la Muntanya Pelada, por encargo de Don Eusebi Güell. En 1922 pasa a propiedad municipal. Colabora Josep Maria Jujol.

1901-1902 Puerta y cerca de la finca de Don Hermenegild Miralles en el paseo de Manuel Girona.

1901-1902 Reforma de la Casa del marqués de Castelldosrius, en la calle Mendizábal n.º 19 de Barcelona (actualmente calle Nova Junta de Comerç).

1902 Por encargo de Don Ricard Company colabora en la decoración de Café Torino, en el Passeig de Gràcia n.º 18 de Barcelona. Desaparecido. Colaboran también Pere Falqués, Lluís Domènech i Montaner i Josep Puig i Cadafalch.

1903-1914 Restauración de la Catedral de Ciutat de Mallorca, por encargo del obispo Pere Campins. Colaboran Francesc Berenguer, Joan Rubió Bellver y Jujol.

1904 Proyecto de casa para Don Lluís Graner.

1904-1906 Reforma de la Casa Batlló, en el Passeig de Gràcia n.º 43, de Barcelona, por encargo de Don José Batlló y Casanovas. Colabora Josep Maria Jujol.

1906-1910 Casa Milà, «La Pedrera», en el Passeig de Gràcia n.º 92 de Barcelona, por encargo de Doña Rosario Segimon de Milà. Colabora Josep Maria Jujol. En 1954, Francisco Javier Barba Corsini adecua el desván en unas viviendas-estudio, añadiendo algunos elementos a la planta terraza.

Dibujo de J. Renart

Sketch by J. Renart

1909-1910 Escuelas del Templo Expiatorio de la Sagrada Familia.

1912 Púlpitos de la iglesia parroquial de Blanes, Gerona.

1923 Estudios para la capilla de la Colonia Calvet en Torelló, Barcelona.

1924 Púlpito para una iglesia de Valencia.

Chronology of projects by Antoni Gaudí

1867 First drawings for the Reus magazine "*El Arlequin*".

1867-1870 In collaboration with Josep Ribera and Eduard Toda, he works out a scheme for the restoration of the monastery of Poblet (Tarragona.). His project report, the *Memoria de la Restauración del Monasterio de Poblet*, should not be overlooked.

1875-1876 Project for the Spanish Pavilion for the Philadelphia Centenary Exposition.

1876 Student project: Courtyard for the Diputación Provincial. Project for an academic competition: a pier.

1877 Project for a monumental fountain for the Plaça de Catalunya in Barcelona. Project for a General Hospital for Barcelona. Final project: a main hall for a university.

1877-1882 Collaborates with Josep Fontseré, master builder, on the laying out of the Parc de la Ciutadella. The entrance gates and the waterfall are, in effect, designed entirely by Gaudí.

1878 Scheme for streetlamps for the Plaça Reial (in service in September 1879). Sketch design for the Casa Vicens. Glass display case to show gloves by Esteban Comella, for the Universal Exposition in Paris.

1878-1882 Project for the Cooperativa Textil Obrera Mataronense in Mataró. Design for a kiosk for Don Enrique Girosi.

1879 Decor for the Gibert pharmacy at n° 4, Passeig de Gràcia, in Barcelona (demolished in 1895).

1880 Scheme for the electric lighting of the Muralla de Mar, in collaboration with Josep Serramalera.

1882 Project for a hunting pavilion for Don Eusebi Güell in Garraf, Barcelona.

1883-1888 House for the tile manufacturer Don Manuel Vicens in carrer Sant Gervasi, now carrer de Les Carolines, 24-26. In 1925-1926, the architect Joan Baptista Serra Martinez widens a corridor of the house, and the walls and the boundary of the plot are changed. Gaudí is notified of the conversion.

1883-1885 House for Don Máximo Diaz de Quijano, "El Capricho", in Comillas, Santander. Site supervision of the project under construction is carried out by Cristóbal Cascante, a former fellow-student.

1884-1887 Pavilions in the Güell estate: gatehouse and stables on the Avinguda de Pedralbes in Barcelona, now home to the Cátedra Gaudí (inaugurated in 1953) of the Escola Técnica Superior de Arquitectura of Barcelona.

1884-1926 Expiatory Temple of the Sagrada Familia.

1886-1889 Palau Güell, a townhouse for Don Eusebi Güell and his family at n°s 3-5, Carrer Nou de la Rambla. Since 1954 this building has housed the Barcelona Museum of Theatre.

1887 Design for a pavilion for the Compañia Transatlántica for the Exposición Naval in Cádiz.

1887-1894 Episcopal Palace in Astorga, León. The commission comes from the bishop in person, a Reus man, the Ilmo. Sr. Don Joan Baptista Grau i Vallespinós. In September 1893, on the bishop's death, Gaudí resigns his post as supervising architect, and in 1894

the diocesan architect of León, Blanch y Pons, is proposed as his successor. Blanch y Pons starts work on what is now the Palacio Manuel Hernández y Alvarez Reyero in 1899. In 1914 construction of the exterior of the Palace is completed under the direction of the architect Ricardo Guereta. In 1936 the building is used as a military headquarters, offices for the Falange and temporary quarters for artillerymen. In 1960, the bishop, Dr. Castelltor, starts on the definitve installation of the episcopal see in the Palace, although his sudden death prevents the completion of this work. His sucessor, the bishop Dr. González Martín, gives the building a new role, housing the Museo de los Caminos, which it still maintains.

1888-1894 Theresan College at n° 41, carrer Ganduxer, Barcelona, to a commission by Don Enrique de Ossó, the Order's founder.

1891-1894 Casa Fernández Andrés -"Los Botines"- in the Plaza de San Marcelo in León. Gaudí receives the commission from Don José y Aquilino Fernández Riu and Mariano Andrés Luna, acquaintances of Don Eusebi Güell.

1892-1893 Scheme for a building for the Spanish Franciscan Missions in Tangiers

1898-1904 Casa Calvet, at n° 48, carrer Caspe, Barcelona. Although the building bears the date 1899, the work of decoration, including the well-known furniture, made by Casas and Bardés, is not completed until 1904.

1898-1915 Crypt for the Colonia Textil Güell, in Santa Coloma de Cervelló, Barcelona. Although the work is started in 1908, it does not begin in earnest until 1912. The act of consecration is celebrated on the 3rd of November, 1915. Work on site is supervised by Gaudí's friend and assistant Francesc Berenguer.

1900-1902 Casa "Bellesguard", for Don Jaume Figueras, at n° 16-20, carrer Bellesguard, Barcelona. Joan Rubió i Bellver collaborates on the direction of work on site. In order to save the ruins of what was once the palace of King Martí l'Humà, Gaudí constructs a viaduct in 1908.

1900-1914 Park Güell, on the Muntanya Pelada, for Don Eusebi Güell, with the collaboration of Josep Maria Jujol. In 1922, the Park is presented to the city.

1901-1902 Wall and gate for the estate of Don Hermenegild Miralles, in the Passeig de Manuel Girona.

1901-1902 Refusbishment of the marqués de Castelldosrius house at n° 19, carrer Mendizábal (now carrer Nova Junta de Commerç), Barcelona.

1902 At the request of Don Ricard Company, contributes to the decoration of the (no longer extant) Café Torino, at n° 18, Passeig de Gràcia, Barcelona, alongside Pere Falqués, Lluis Domènech i Montaner and Josep Puig i Cadafalch.

1903-1914 Restoration of the Cathedral of Ciutat de Mallorca, commissioned by the bishop, Pere Campins. Francesc Berenguer, Joan Rubió i Bellver and Jujol also participate.

1904 Scheme for a house for Don Lluis Graner.

1904-1906 Conversion to the Casa Batlló, at n° 43, Passeig de Gràcia, Barcelona, for Don José Batlló y Casanovas. Josep Maria Jujol also contributes to the scheme.

1906-1910 Casa Milà, "La Pedrera", at n° 92, Passeig de Gràcia, Barcelona, for Doña Rosario Segimon de Milà. Josep Maria Jujol participates in the project. In 1954, Francisco Javier Barba Corsini converts the attic into studio-apartments, with the addition of a number of elements to the terrace.

1909-1910 Schoolrooms for the Expiatory Temple of the Sagrada Familia.

1912 Pulpits for the parish church in Blanes, Girona.

1923 Studies for the chapel of the Colonia Calvet in Torelló, Barcelona.

1924 Pulpit for a church in Valencia.

Bibliografía

Bibliography

La bibliografía sobre Antoni Gaudí es extraordinariamente numerosa. La primera bibliografía importante se publica en el libro de J.F. Ráfols Fontanals y Francesc Folguera, *Gaudí,* Editorial Canosa, Barcelona, 1929. En ella se recogen todos los títulos y artículos publicados hasta la fecha de esta edición. En 1973, George R. Collins publica, con el soporte de la American Association Bibliographers, *Antonio Gaudí and the Catalan Movement, 1870-1930,* The University Press of Virginia. Esta bibliografía recoge todo lo publicado sobre Gaudí y el Modernismo catalán hasta 1970 aproximadamente.

Posteriormente a esta publicación, el interés por la obra de Gaudí sigue siendo importante. No obstante, quisiera hacer mención de una lista de títulos que considero imprescindibles:

Bassegoda Nonell, Juan, *Antoni Gaudí i Cornet,* Edicions Nou Art Thor, Barcelona, 1978.

Codinachs, Macià (ed.), *Artículos manuscritos, conversaciones y dibujos de Antonio Gaudí,* Colegio Oficial de Aparejadores, Murcia, 1982.

Dalisi, Riccardo, *Gaudí, mobili e oggetti,* Electa Editrice, Milán, 1979.

Flores, Carlos, *Gaudí, Jujol y el Modernismo catalán,* Aguilar, S.A. de Ediciones, Madrid, 1982.

Hitchcock, Henry-Russell, *Gaudí,* Catálogo de la exposición celebrada en el MOMA, Nueva York, 1957.

Le Corbusier, J. Gomis y J. Prats, *Gaudí,* Editorial RM, Barcelona, 1958.

Martinell, César, *Gaudí. Su vida, su teoría, su obra,* Colegio de Arquitectos de Cataluña y Baleares, Comisión de Cultura, Barcelona, 1967.

The bibliography on Antoni Gaudí is exceptionally extensive. The first important bibliography appeared in J.F. Ráfols Fontanals and Francesc Folguera's *Gaudí,* Editorial Canosa, Barcelona, 1929. This gives a comprehensive catalogue of books and articles published up to that date. *Antoni Gaudí and the Catalan Movement, 1870-1930,* by George R. Collins, with the support of the American Association of Bibliographers, was published in 1973 by the Universtity Press of Virginia. The bibliography covers the complete range of publications on Gaudí and Catalan *Modernisme* up to 1970, approximately.

There has been no lessening of interest in the work of Gaudí since the latter volume appeared. I will, nevertheless, limit mysel fhere to a list fo those titles which i feel to be most essential:

Bassegoda Nonell, Juan, *Antoni Gaudí i Cornet* (Edicions Nou Art Thor, Barcelona, 1978).

Codinachs, Macià (ed.), *Artículos manuscritos, conversaciones y dibujos de Antonio Gaudí* (Colegio Oficial de Aparejadores, Murcia,1982).

Dalisi, Riccardo, *Gaudí, Jujol y el Modernismo catalán* (Aguilar, S.A. de Ediciones, Madrid, 1982).

Hitchcock, Henry-Russell, *Gaudí* (Exhibition catalogue, MOMA, New York, 1957).

Le Corbusier, J. Gomis and J. Prats, *Gaudí* (Editorial RM, Barcelona, 1958).

Marinell, César, *Gaudí. Su vida, su teoría, su obra* (Colegio de Arquitectos de Cataluña y Baleares, Comisión de Cultura, Barcelona, 1967).

Pane, Roberto, *Antonio Gaudí* (Edizione di Comunità, Milan, 1982).

Ráfols Fontanals, J. F. and Francesc

Pane, Roberto, *Antonio Gaudí,* Edizione di Comunità, Milán, 1982.

Ráfols Fontanals, J.F. y Francesc Folguera, *Gaudí,* Editorial Canosa, Barcelona, 1929.

Sert, Josep Lluís y James Johnson Sweeney, *Antoni Gaudí,* Ediciones Infinito, Buenos Aires, 1969.

Solà-Morales, Ignasi de, *Gaudí,* Ediciones Polígrafa, Barcelona, 1983

Tarragó Cid, Salvador, *Gaudí,* Ediciones Escudo de Oro, Barcelona, 1974.

Technische Hogeschool Delft, *Gaudí. Rationalism met perfecte materiaal beheersing,* Universitare Press, Delft, 1979.

Folguera, *Gaudí* (Editorial Canosa, Barcelona, 1929).

Sert, Josep Lluis and James Johnson Sweeney, *Antoni Gaudí* (Ediciones Infinito, Buenos Aires, 1969).

Solà-Morales, Ignasi de, *Gaudí* (Ediciones Polígrafa, Barcelona, 1983).

Tarragó Cid, Salvador, *Gaudí* (Ediciones Escudo de Oro, Barcelona, 1974).

Technische Hogeschool Delft, Gaudí. *Rationalism met perfect material beheersing* (Universititare Press, Delft, 1979).

Procedencia de las ilustraciones

Sources of the ilustrations

Cátedra Gaudí; Lluís Casals; Antoni González; Xavier Güell; Ediciones Doyma S.A.; Arxiu Documentació Gràfica, Biblioteca ETSAB; Arxiu Històric, COAC; Arxiu Mas.

Determinados dibujos y algunas ilustraciones proceden de los siguientes libros y revistas:

César Martinell, *Gaudí. Su vida, su teoría, su obra,* Colegio de Arquitectos de Cataluña y Baleares, Comisión de Cultura, Barcelona, 1967.
Arxiu de Documentació Gràfica de la Biblioteca de l'ETSAB, *Gaudí. Dibuixat pels estudiants de l'ETSAB,* Barcelona, 1985.
Riccardo Dalisi, *Gaudí, mobili e oggetti,* Electa Editrice, Milán, 1979.
Asociación de Arquitectos de Cataluña, *Anuario,* 1913 y 1916.
Arquitectura y Construcción, Barcelona, 1917.
Panorama Nacional, tomo segundo, Hermenegildo Miralles, Editor, Barcelona, 1898.
CAU, números 69 y 70.
J. F. Ráfols y Francesc Folguera, *Antonio Gaudí,* Editorial Canosa, Barcelona, 1929.

Cátedra gaudí; Lluis Casals; Antoni González; Xavier Güell; Ediciones Doyma S.A.; Arixu Documentació Gràfica, Biblioteca ETSAB; Arxiu Històric, COAC; Arxiu Mas.

Certain drawings and photographs originally appeared in the following books and magazines:

César Martinell, *Gaudí. Su vida, su teoría su obra* (Colegio de Arquitectos de Cataluña y Baleares, Comisión de Cultura, Barcelona, 1967).
Arxiu de Documentació Gràfica de la Biblioteca de L'ETSAB, *Gaudí. Dibuixant pels estudiants,* de l'ETSAB, Barcelona, 1985.
Riccardo Dalisi, *Gaudí, mobili e aggetti* (Electra Editrice, Milan, 1979).
Asociación de Arquitectos de Cataluña, *Anuario,* 1913 and 1916. *Arquitectura y Construcción,* Barcelona, 1917.
Panorama Nacional, volumen 2, Hermenegildo Miralles, ed., Barcelona, 1898.
CAU, numbers 69 and 70.
J. F. Ráfols and Francesc Folguera, *Antonio Gaudí,* Editorial Canosa, Barcelona, 1929.

Agradecimientos

Acknowledgements

La realización de este libro ha sido posible gracias al material y a la ayuda facilitados por el titular de la Cátedra Gaudí de la ETSAB y presidente de Amics de Gaudí, Joan Bassegoda Nonell, arquitecto.

Asimismo quisiera agradecer a la Cátedra de Dibujo II de la ETSAB y a los profesores de la misma, Santiago Roqueta Matías, José García Navas, Javier Monedero Isorna, Antonio Pérez Rodríguez, Ernest Redondo Domínguez y Montserrat Ribas Barba, la colaboración prestada.

También a las siguientes personas:
Bonet Garí, Lluís, arquitecto
Familia Guilera
González, Antoni, arquitecto
Güell Cortina, Lluís M.ª
Molema, Jan, Gaudí Groep, Delft
Paricio, Ignacio, arquitecto
Ramos Galiano, Fernando, arquitecto, director de la ETSAB (Escuela Técnica Superior de Arquitectura de Barcelona)
Renart, Valentina
Sánchez Cubells, Jaime, gerente de Ediciones Doyma, S.A.
Sans Blanch, Josep M.ª
Solà-Morales i Rubió, Ignasi, arquitecto
Tarragó-Cid, Salvador, arquitecto

The production of this book would not ahve been possible without the assistance and the material provided by Joan Bassegoda Nonell, architect, Cátedra Gaudí Professor of the ETSAB and President of the Amics de Gaudí.

At the same time, I would like to express my thanks to the Cátedra de Dibujo II department of the ETSAB, and to the tutors there, Santiago Roqueta Matías, José García Navas, Javier Monedero Isorna, Antonio Pérez Rodríguez, Ernest Redondo Domínguez and Montserrat Ribas Barba, for their contribution to the present volume.
My thanks, too, to the following people:
Bonet Garí, Lluis (Arch.)
The Guilera family
González, Antoni (Arch.)
Güell Cortina, Lluis Mª.
Molema, Jan-Gaudí Groep, Delft
Paricio, Ignacio (Arch.)
Ramos Galiano, Fernando (Arch.) -Director of the ETSAB (Higher Technical Scholl of Architeture of Barcelona)
Renart, Valentina
Sánchez Cubell, Jaime -Managing Director of Ediciones Doym, S.A.
Sans Blanch, Josep Mª.
Solà-Morales i Rubió, Ignasi (Arch.)
Tarragó-Cid, Salvador (Arch.)

Colección **Obras y proyectos/*Works and Projects***

Karl Fleig	**Alvar Aalto**
Emilio Pizzi	**Mario Botta**
Willy Boesiger	**Le Corbusier**
Xavier Güell	**Antoni Gaudí**
Félix Solaguren-Beascoa de Corral	**Arne Jacobsen**
Romaldo Giurgola	**Louis I. Kahn**
Werner Blaser	**Ludwig Mies van der Rohe**
Gianni Braghieri	**Aldo Rossi**
Jaume Freixa	**Josep Lluís Sert**
H.R. von der Mühl/Udo Kultermann	**Kenzo Tange**